Jumbo para colorear Pad
Animales

Coloring Pages for Kids

Coloring Pages for Kids
An imprint of Ciparum LLC

Jumbo para colorear Pad Animales
© 2017 Ciparum LLC
ISBN-10:1-63589-346-1
ISBN-13:978-1-63589-346-5

Coloring Pages for Kids

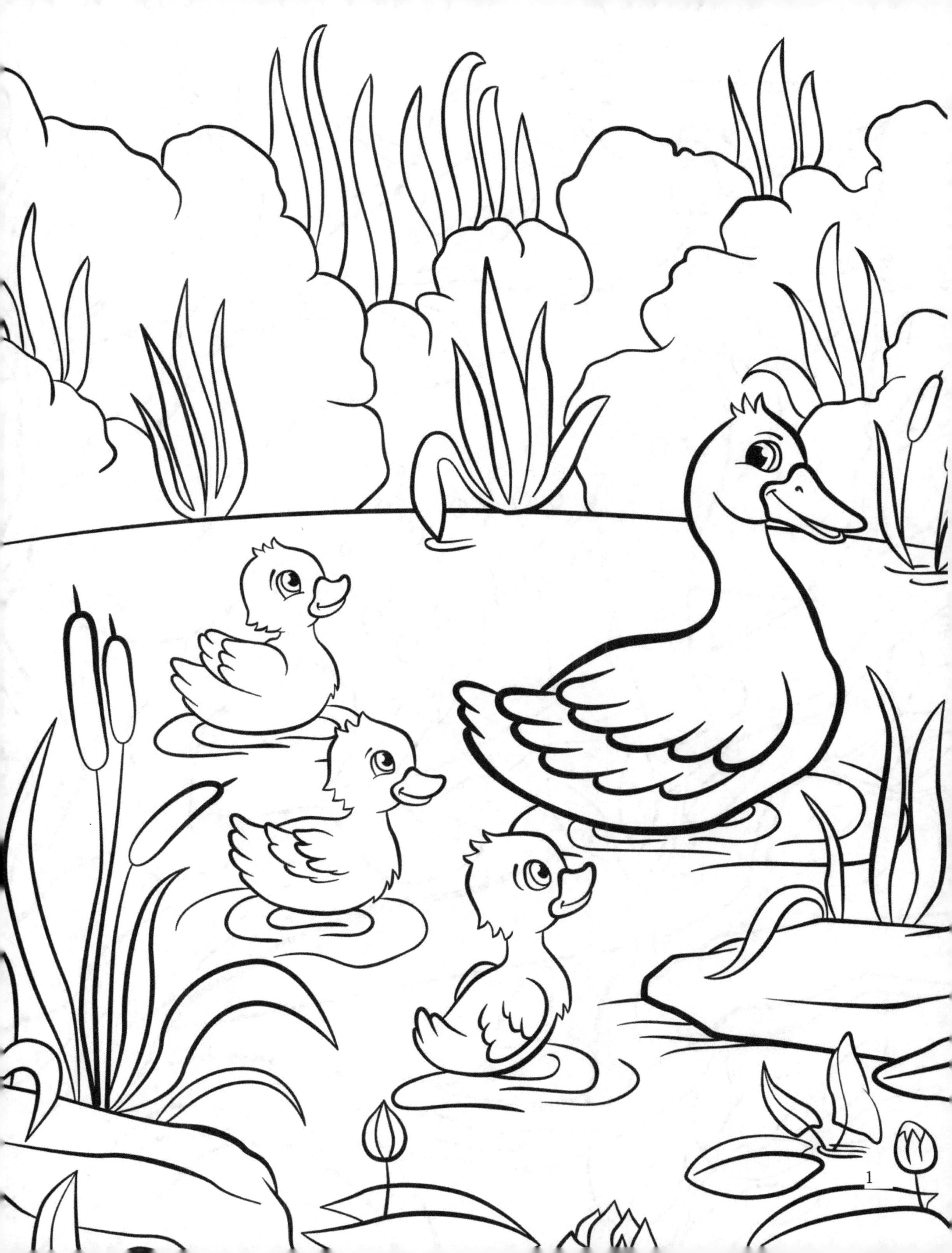

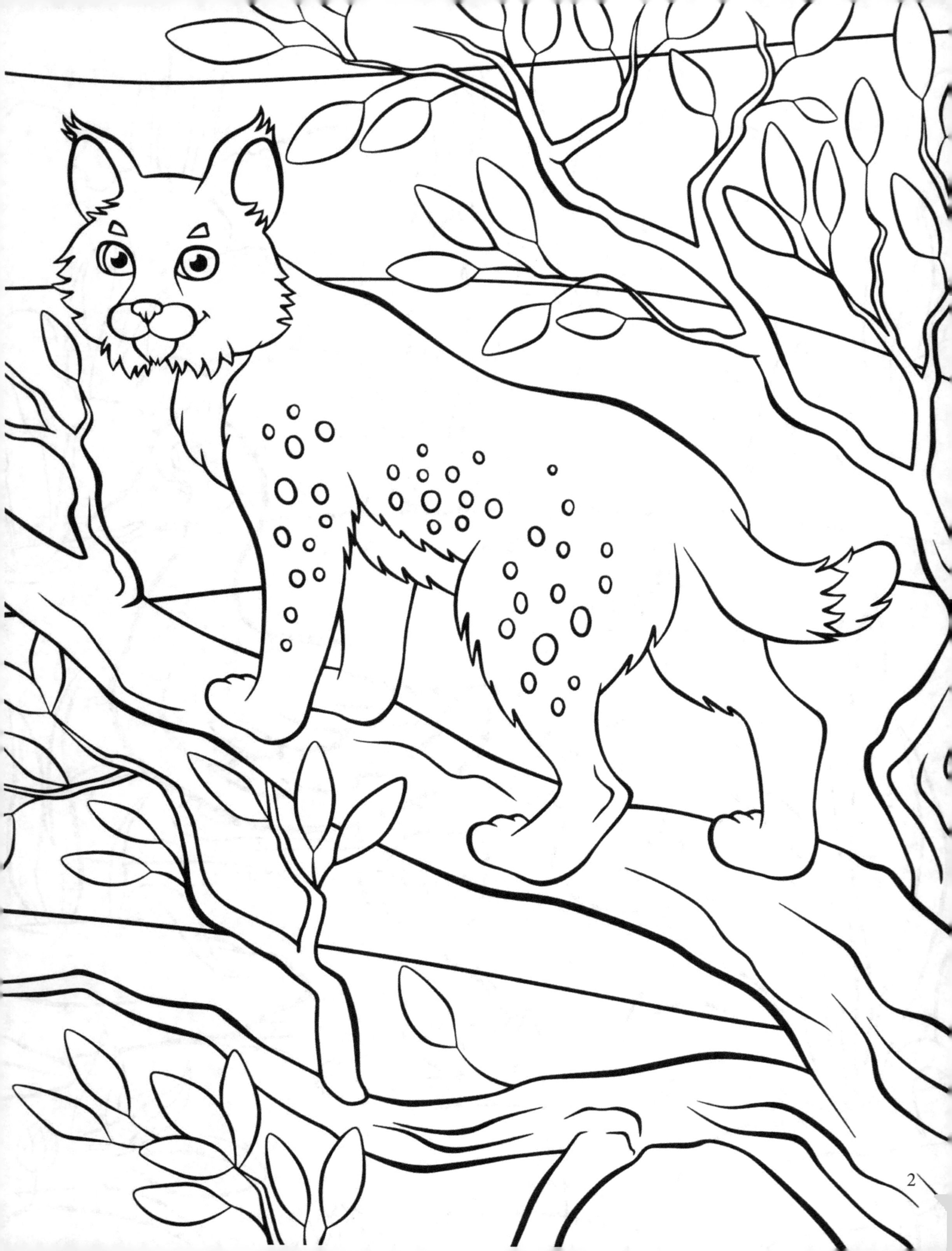

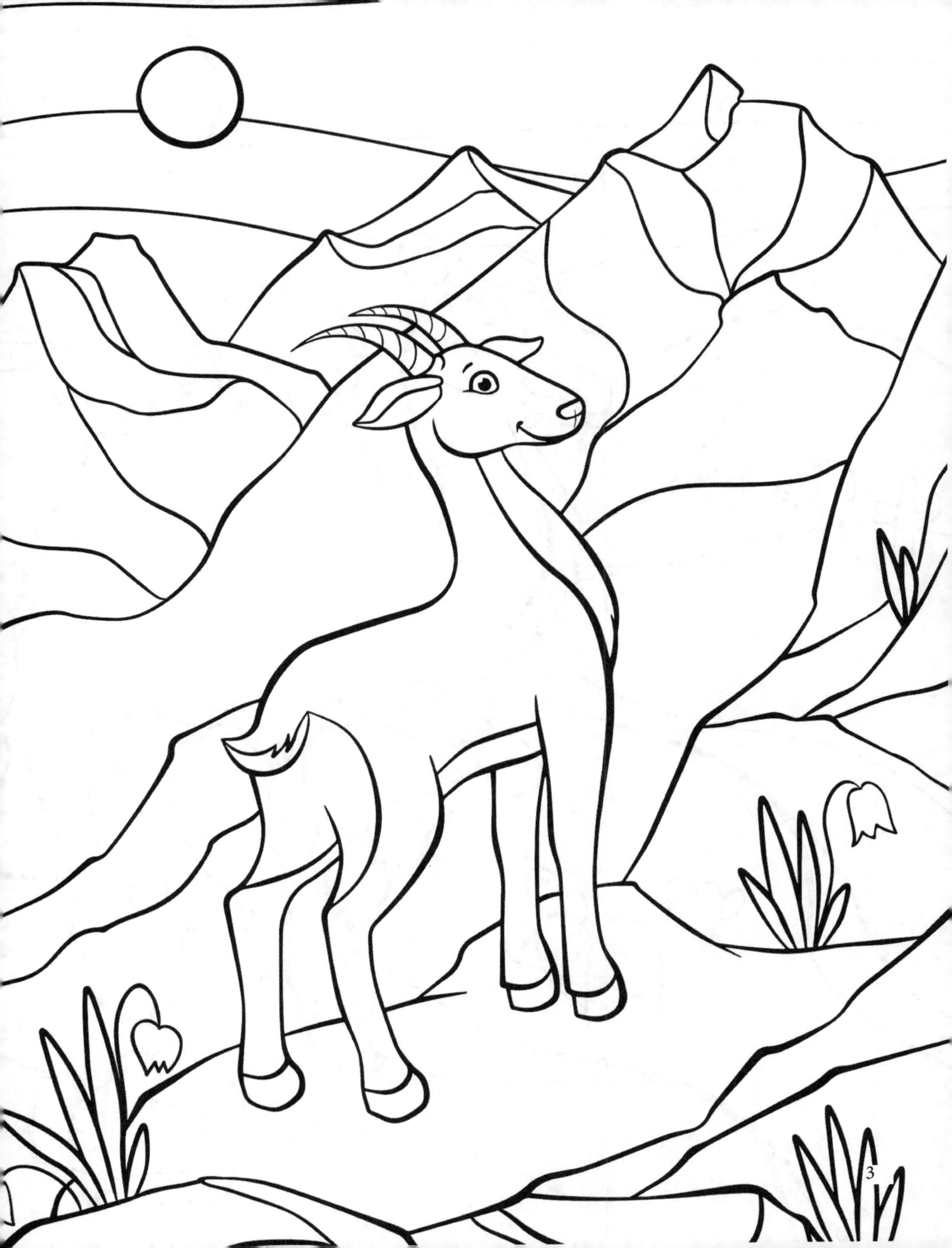

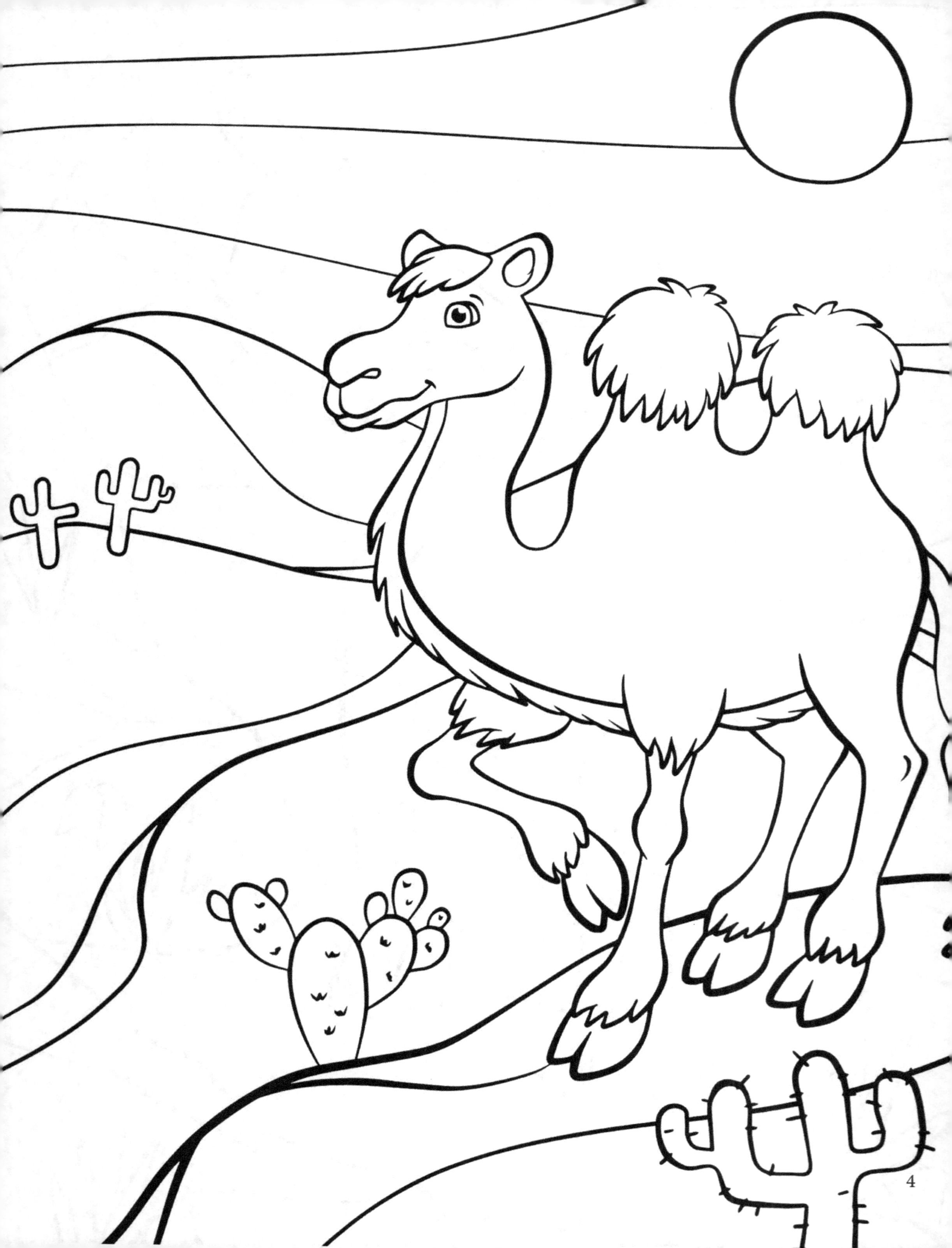

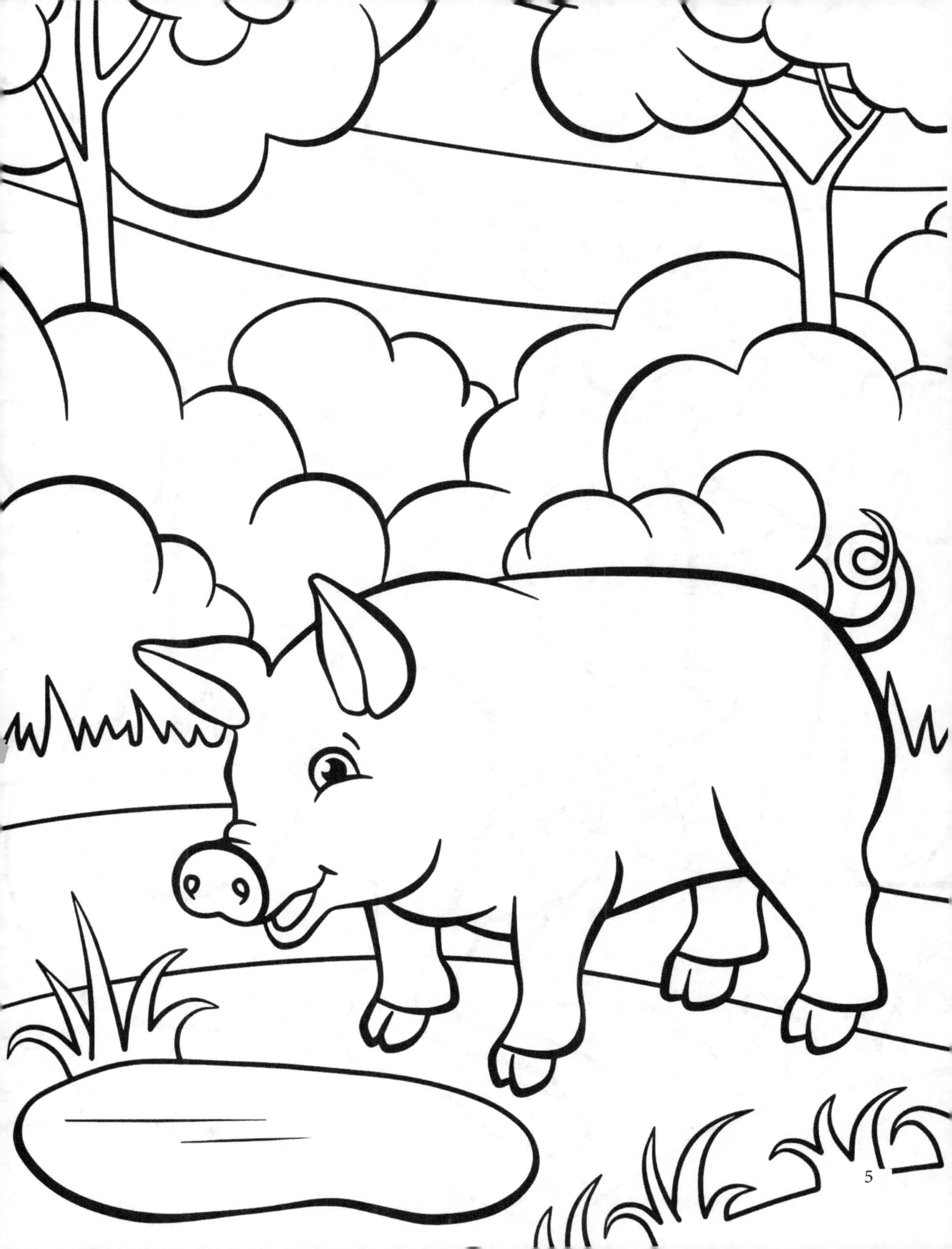

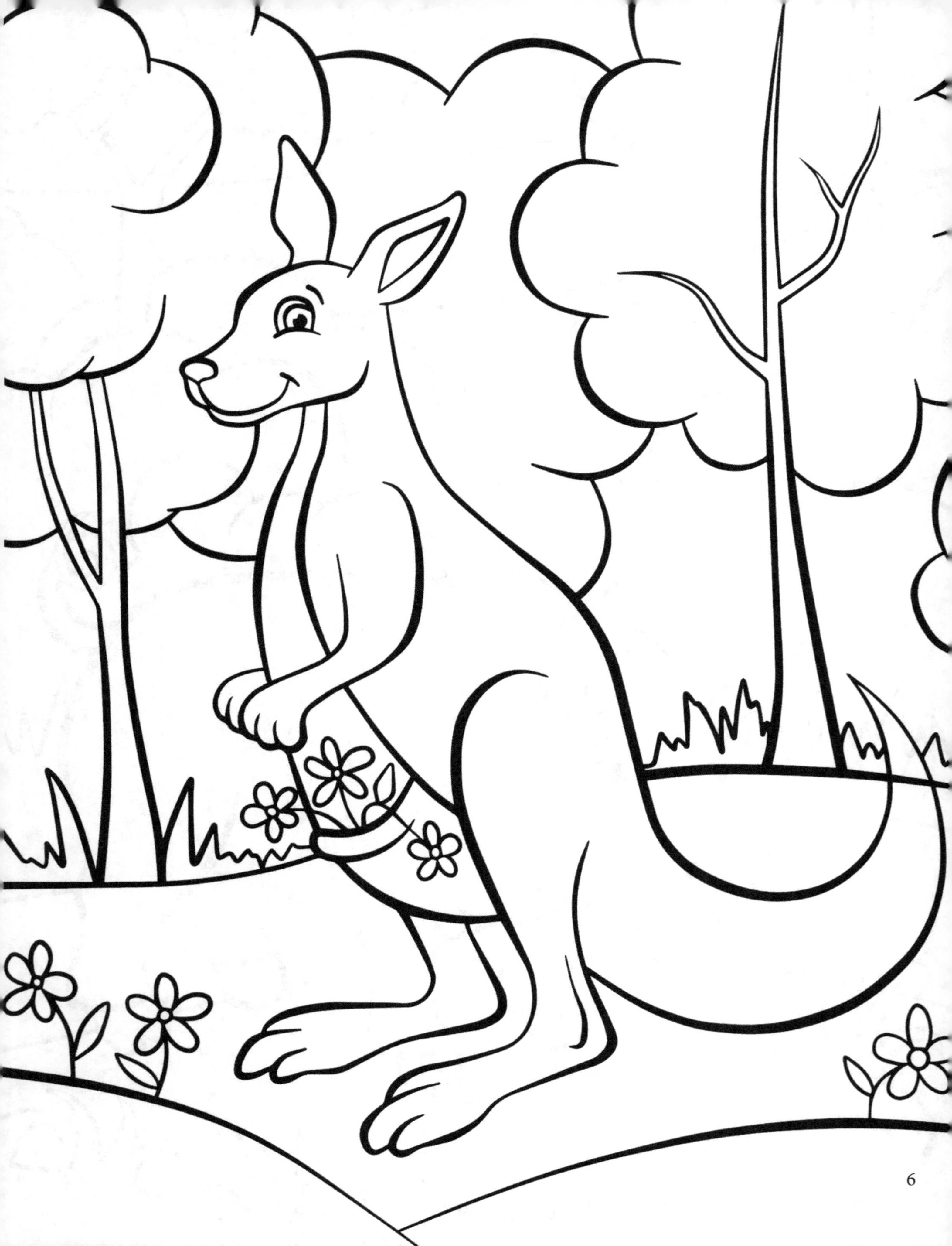

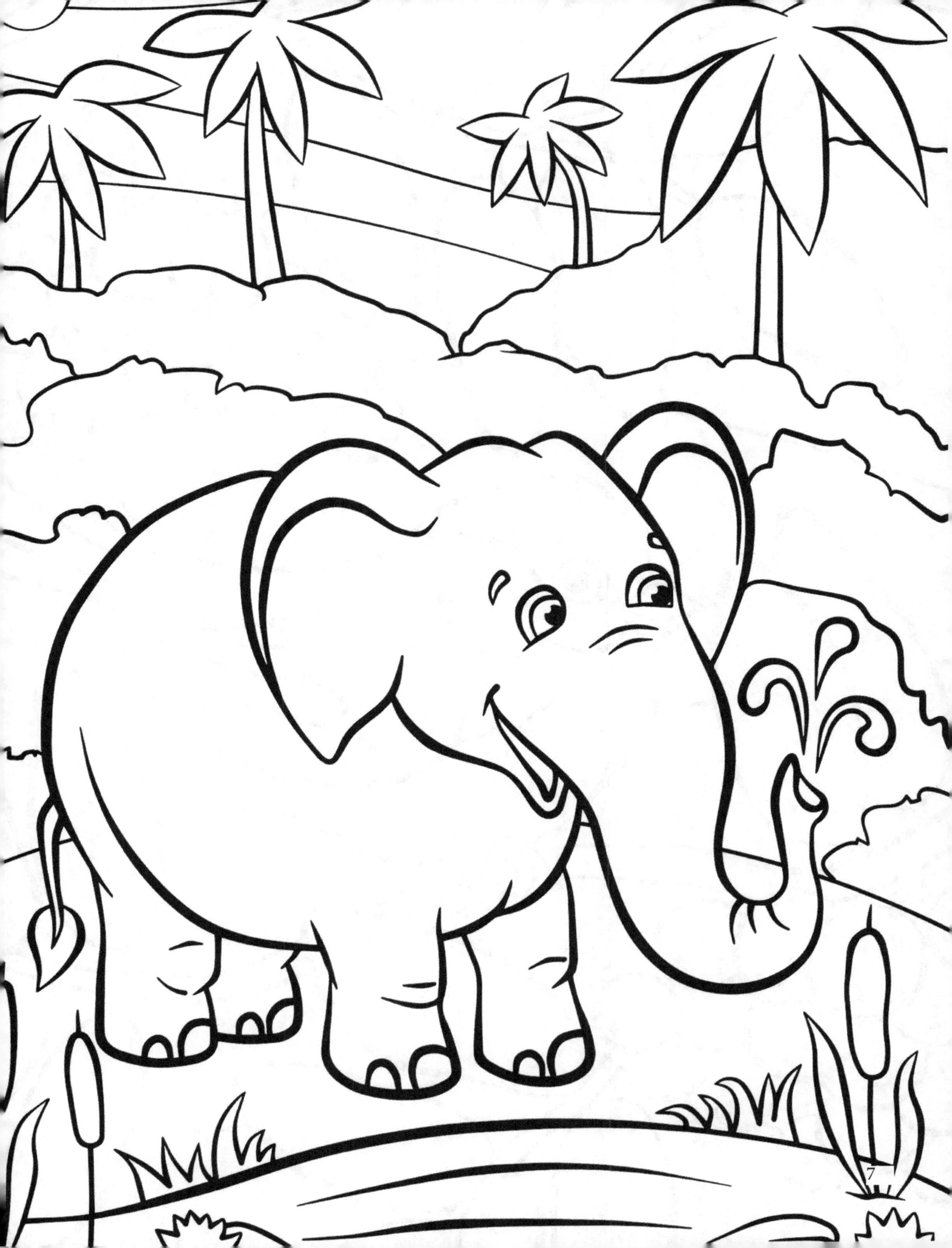

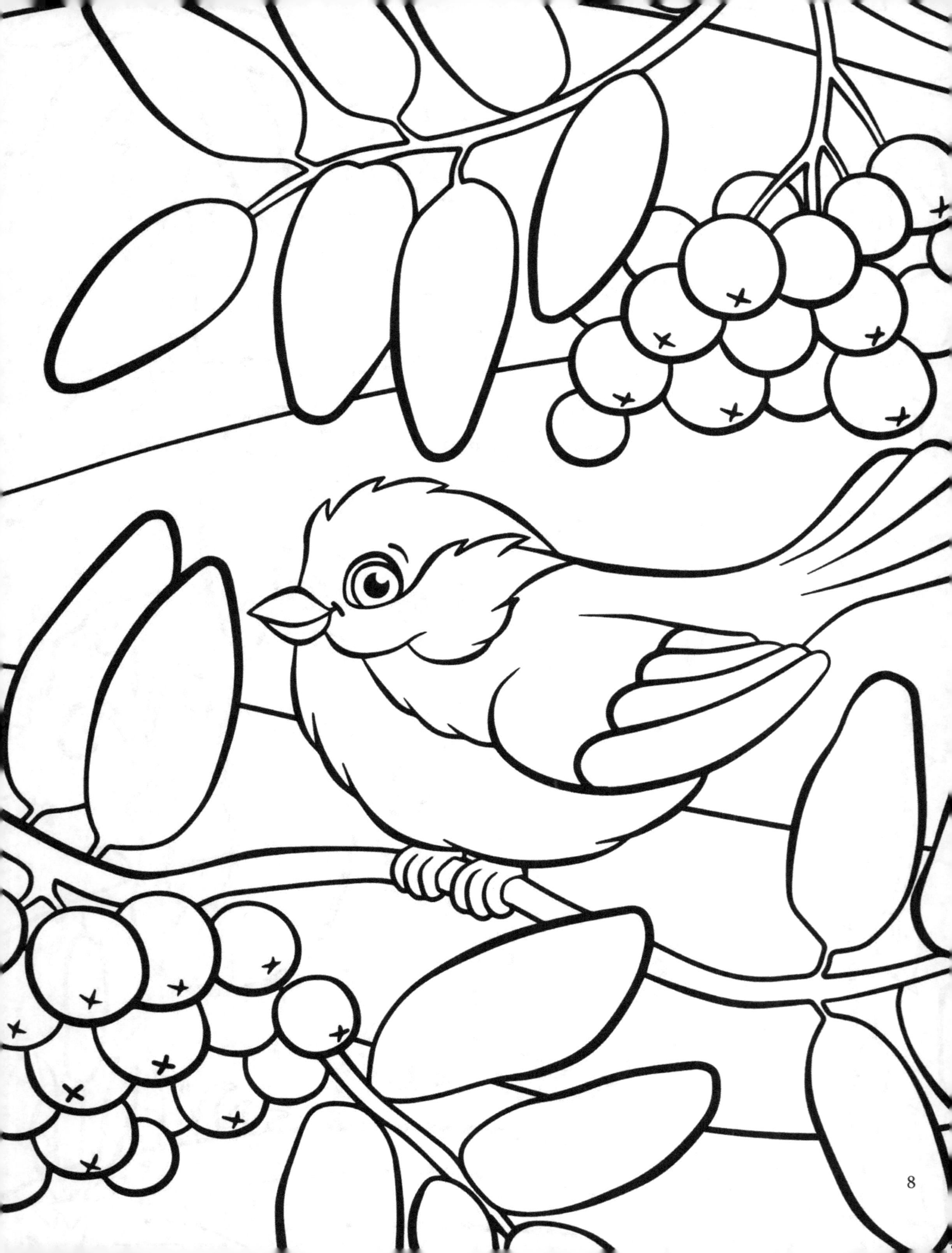

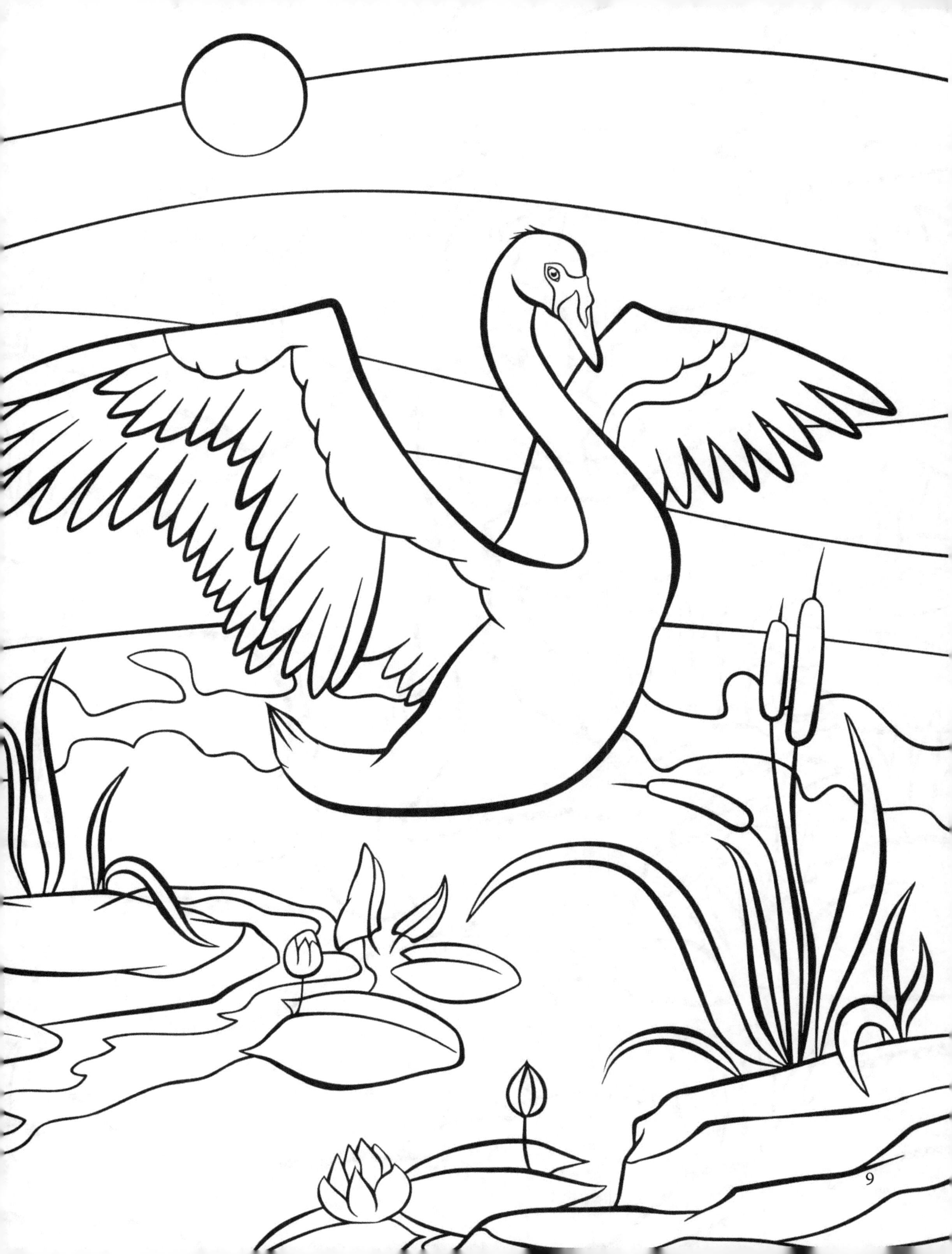

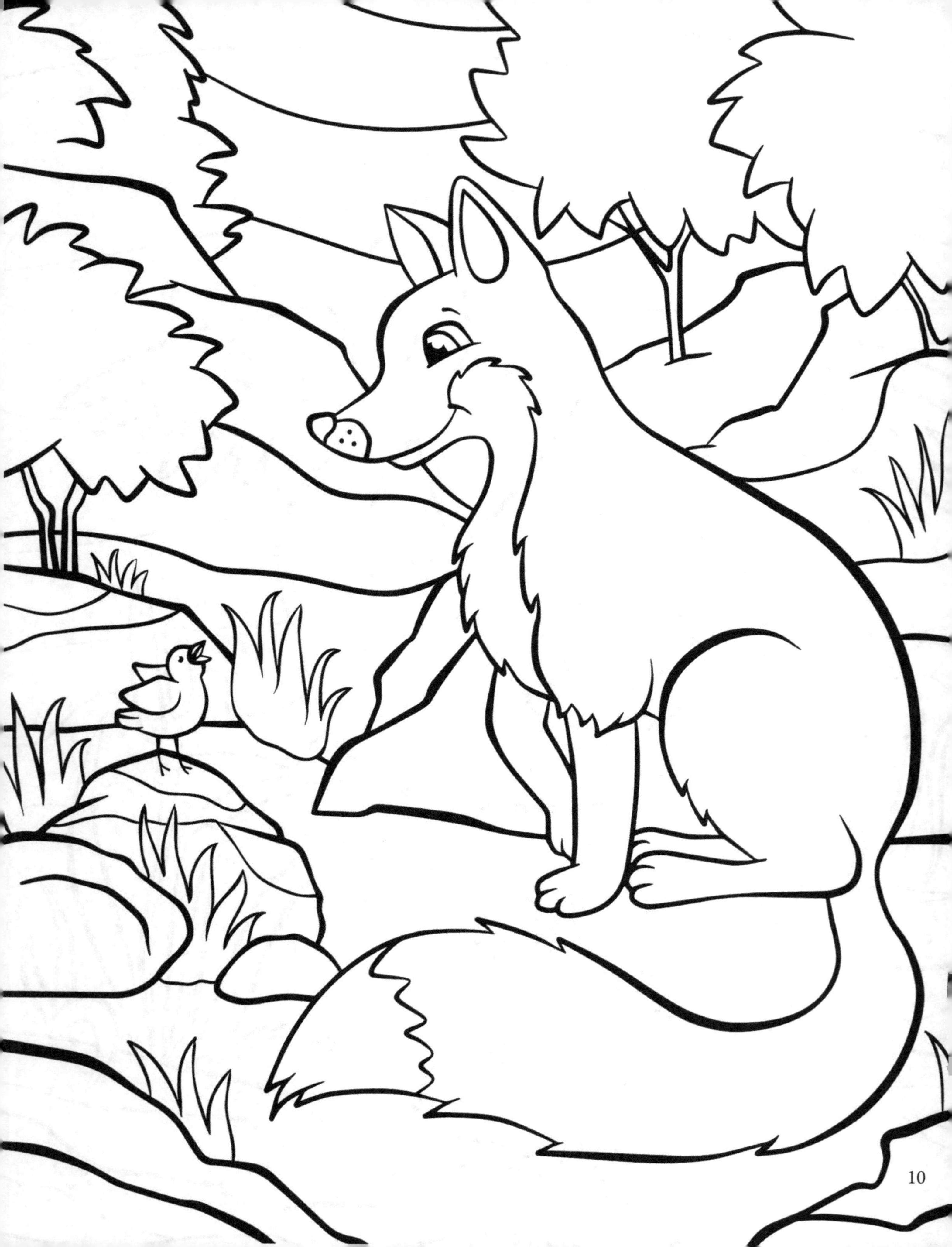

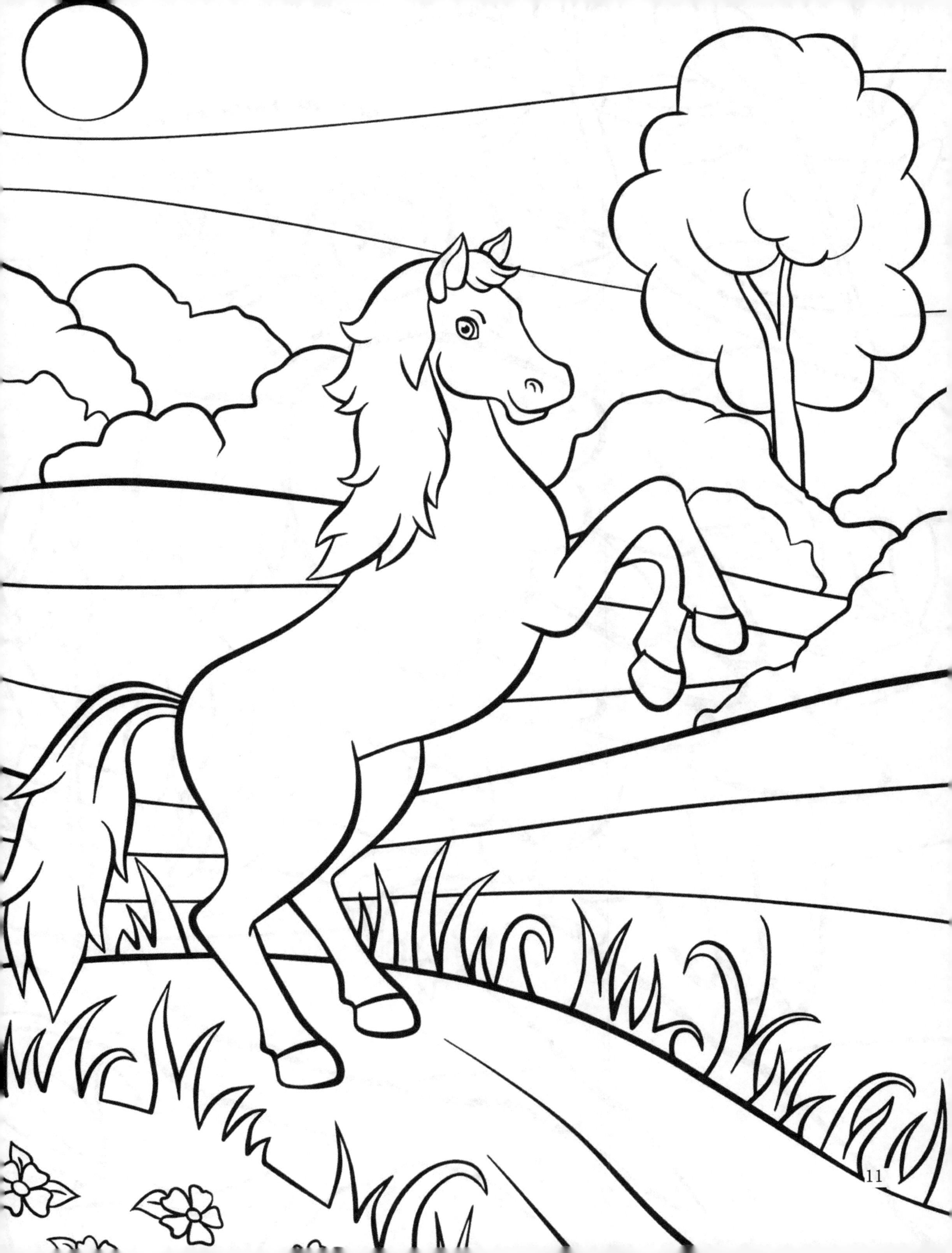

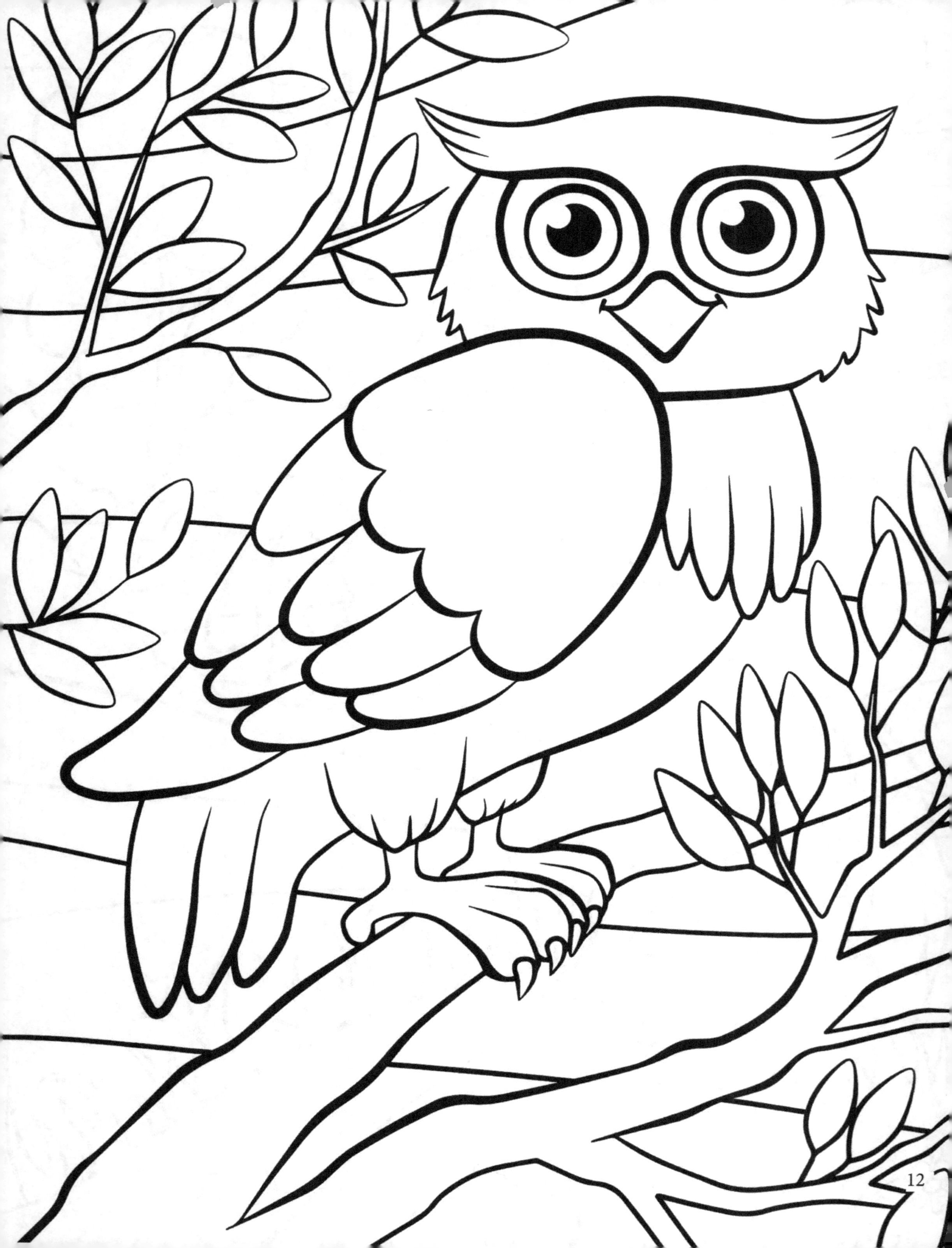

12

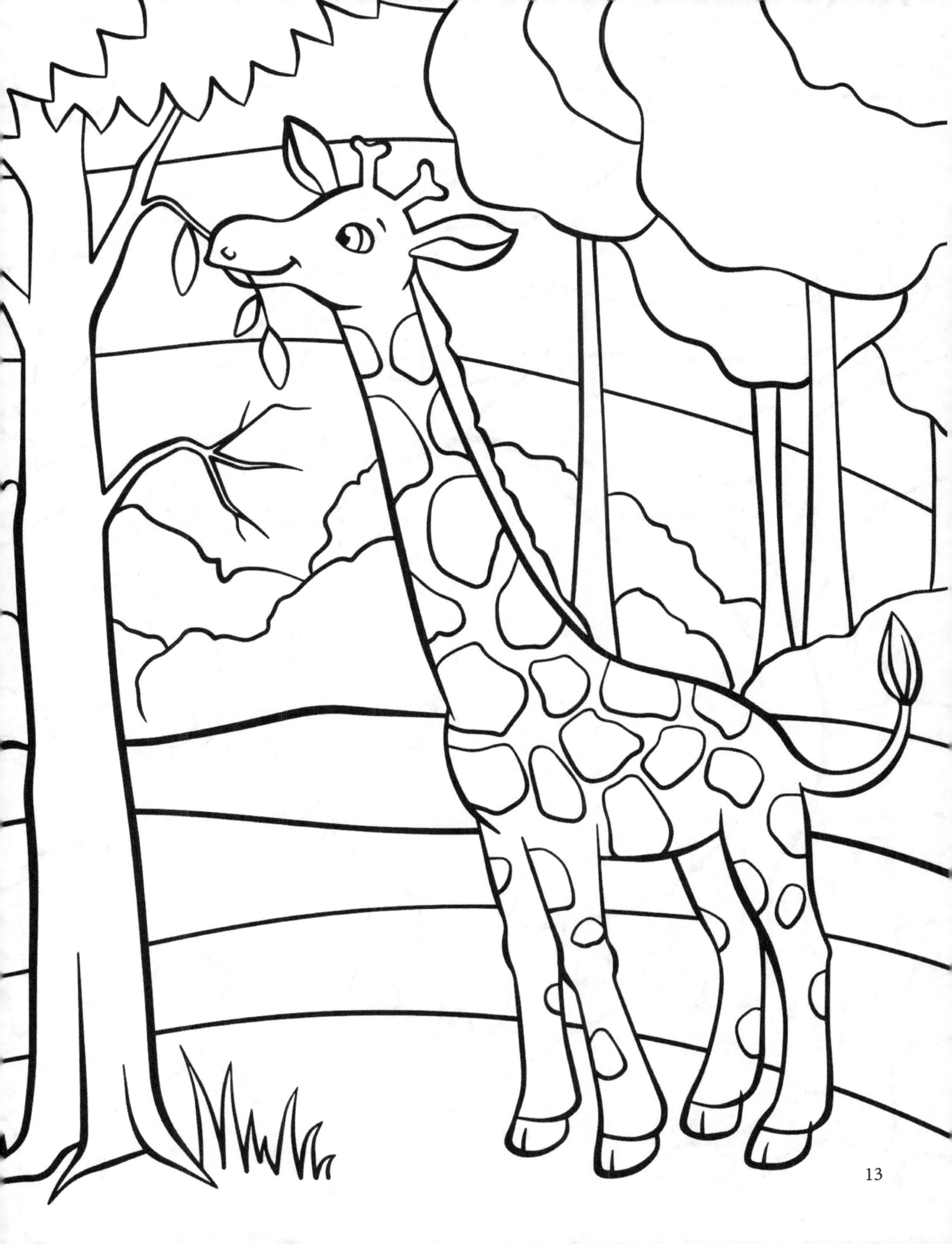

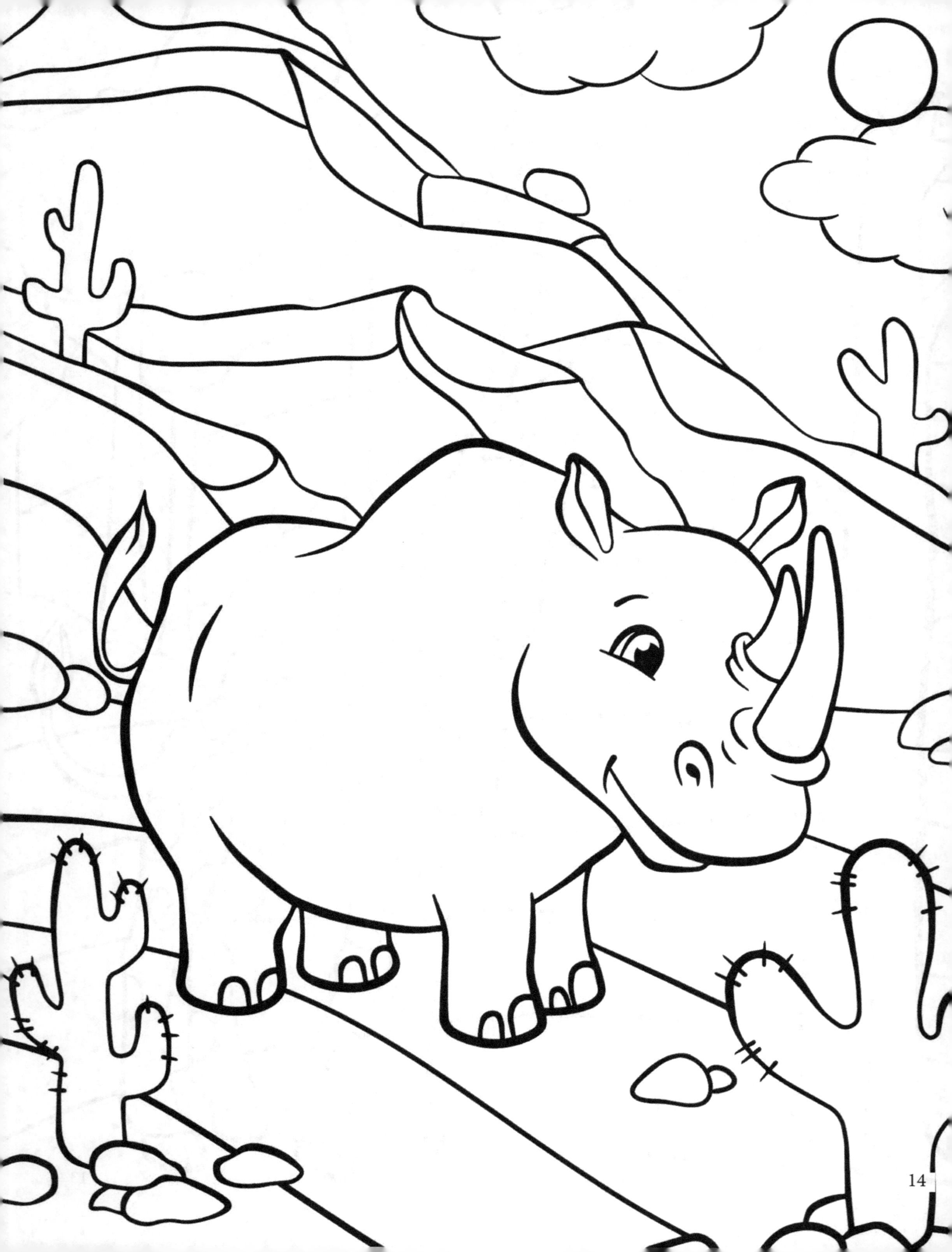

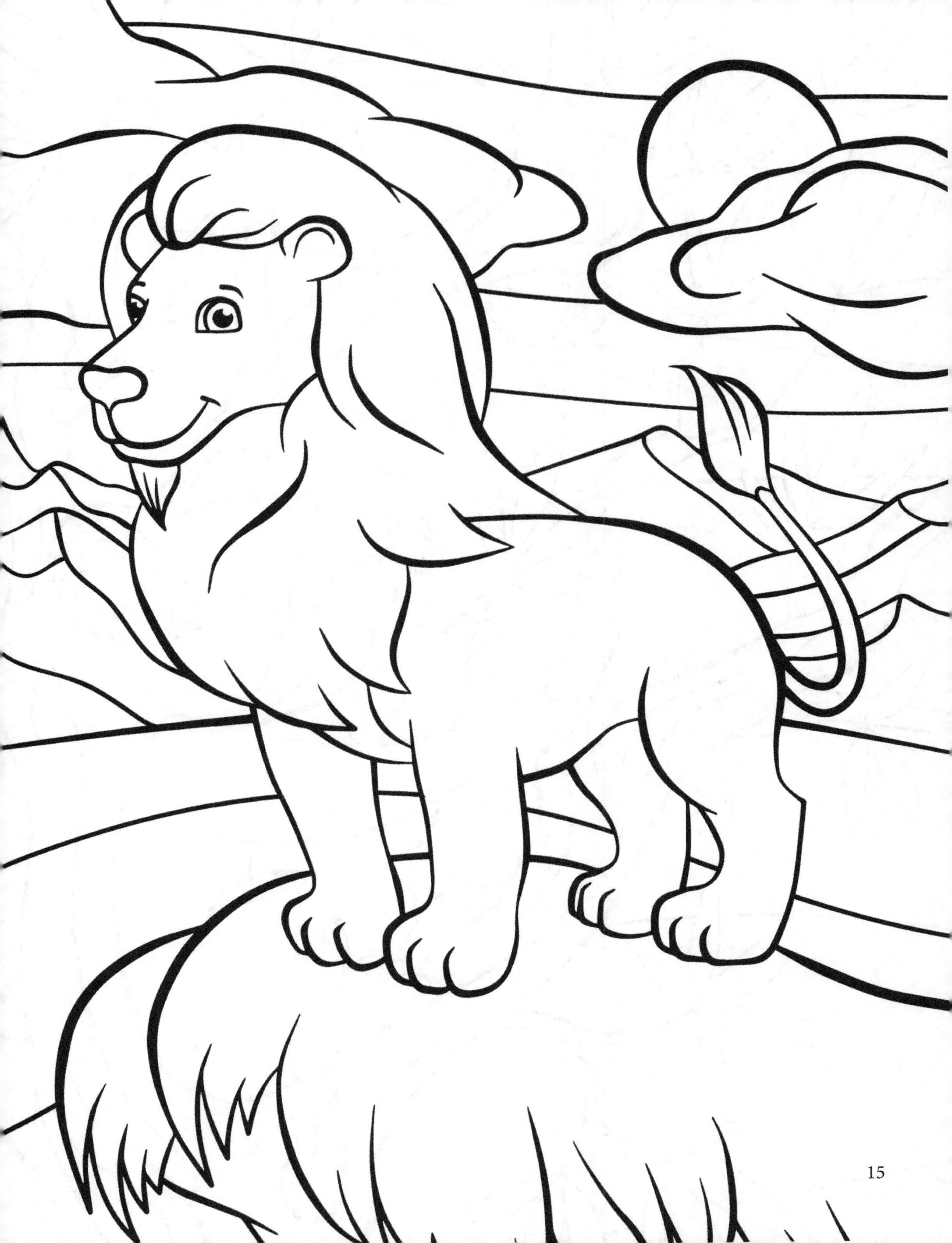

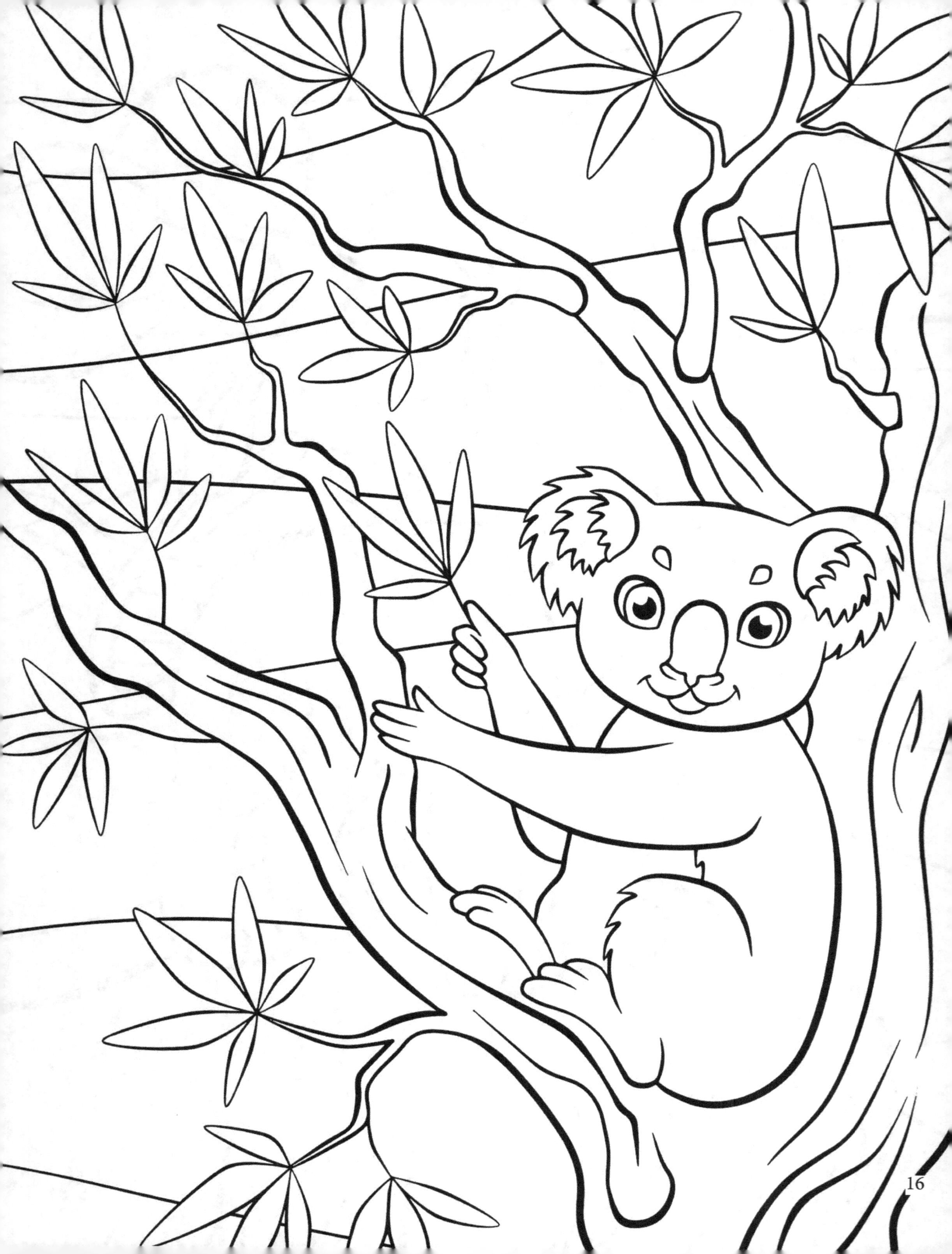

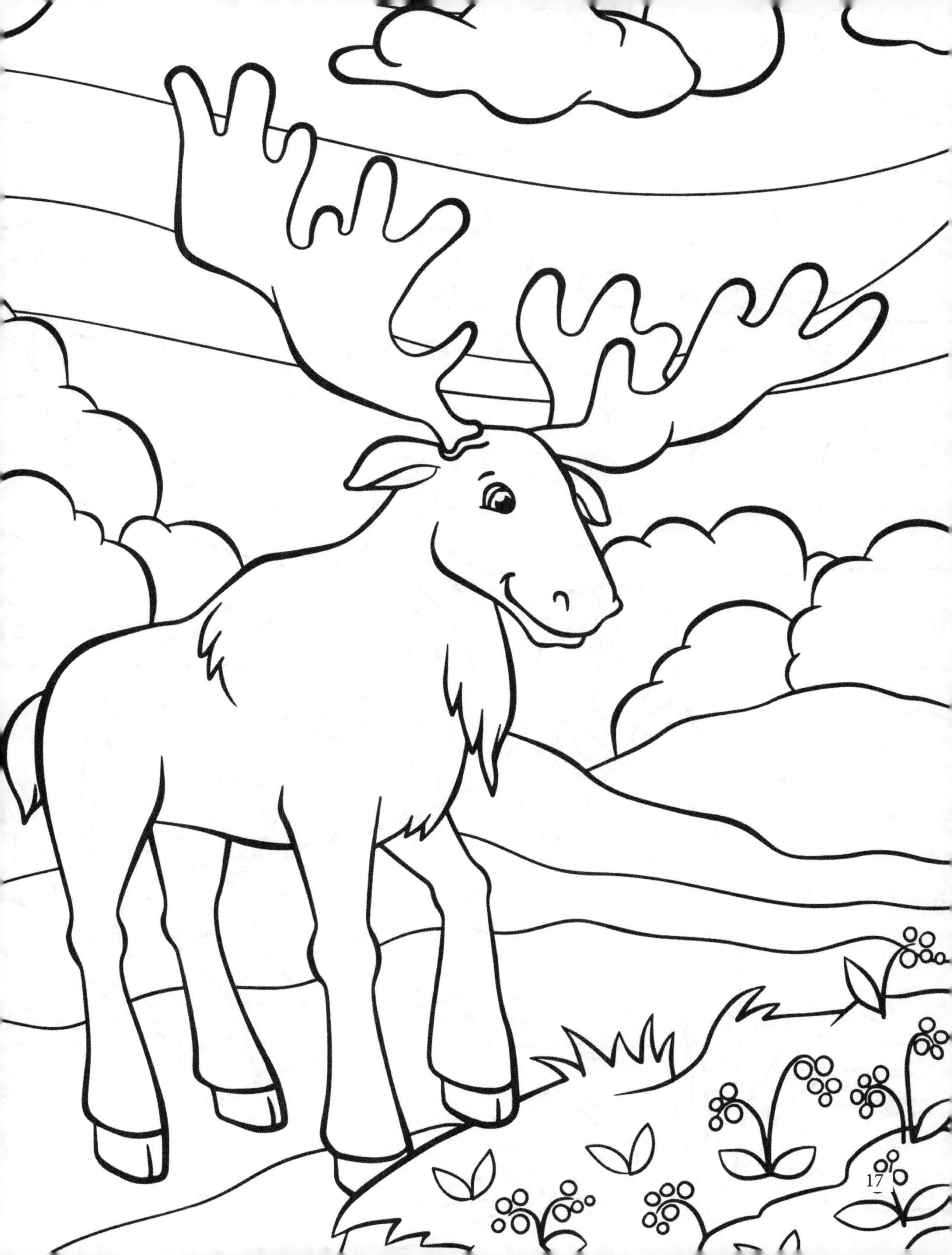

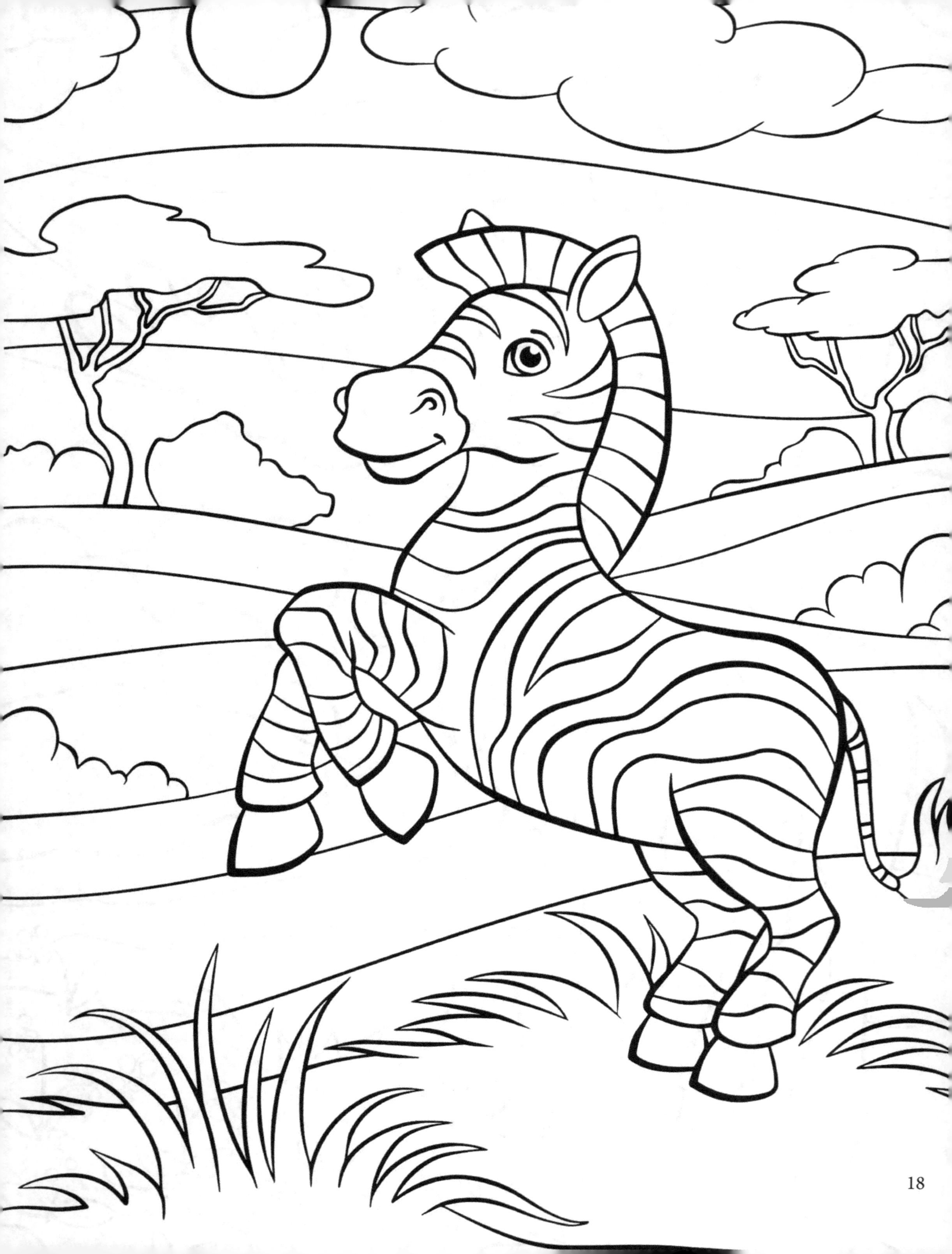

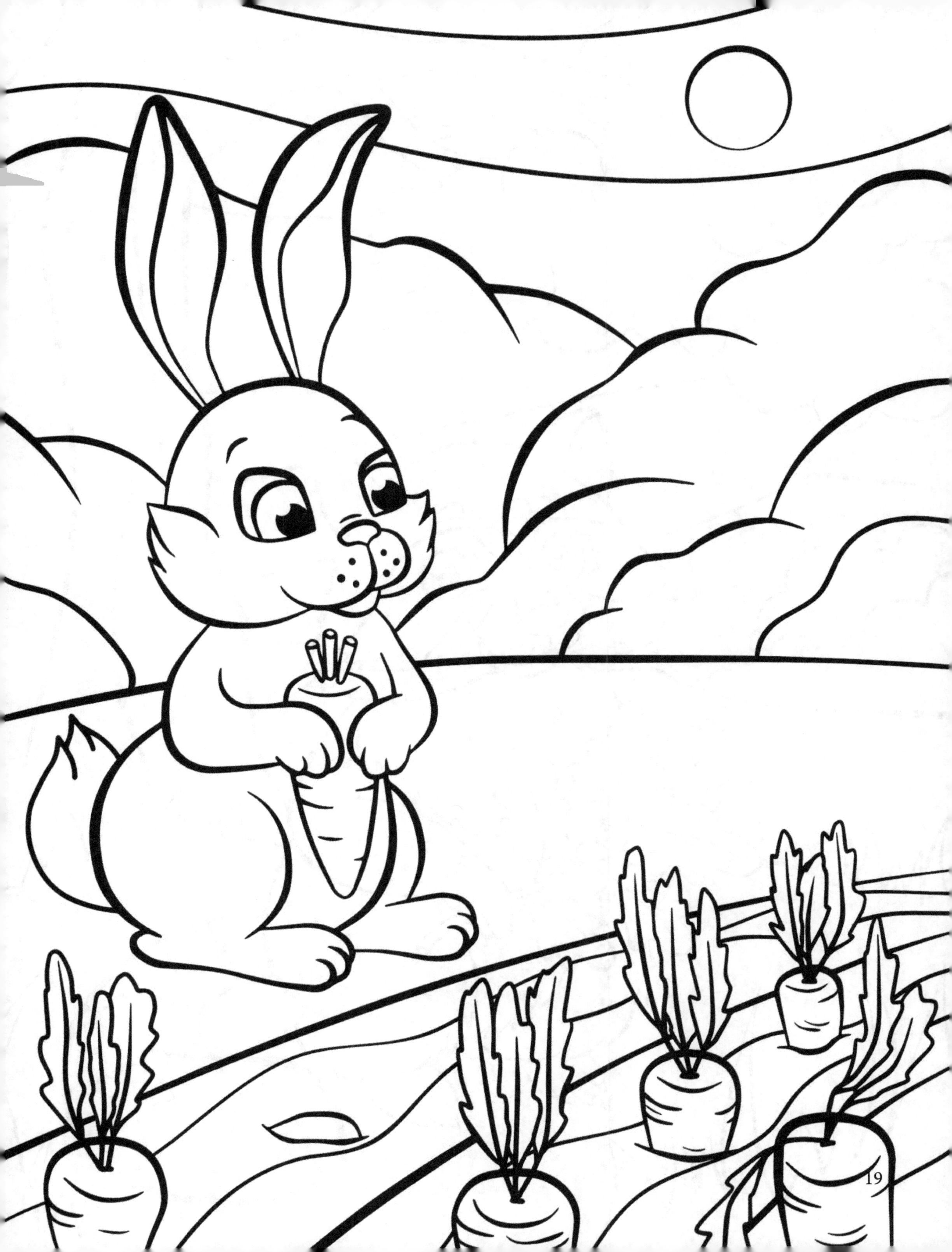

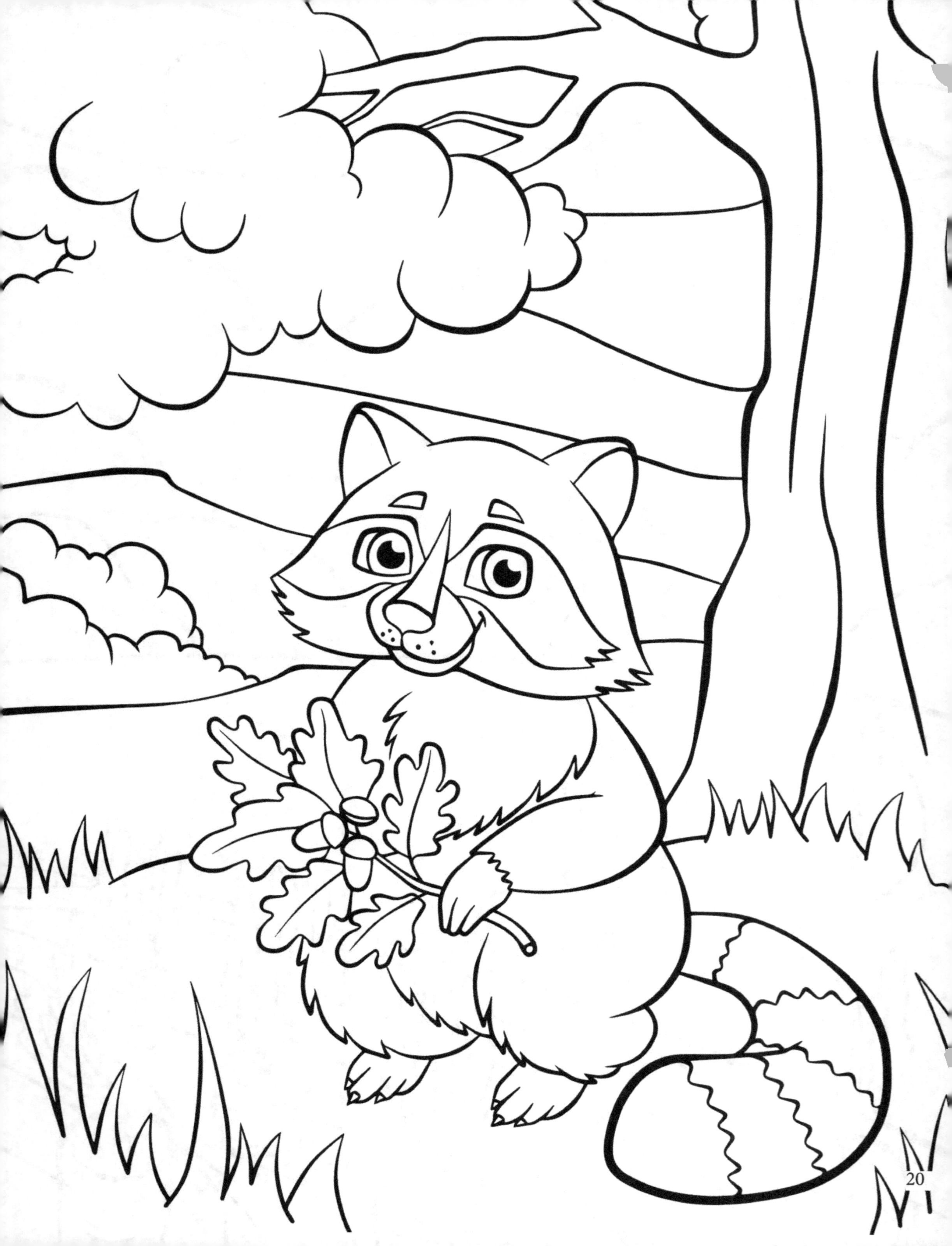

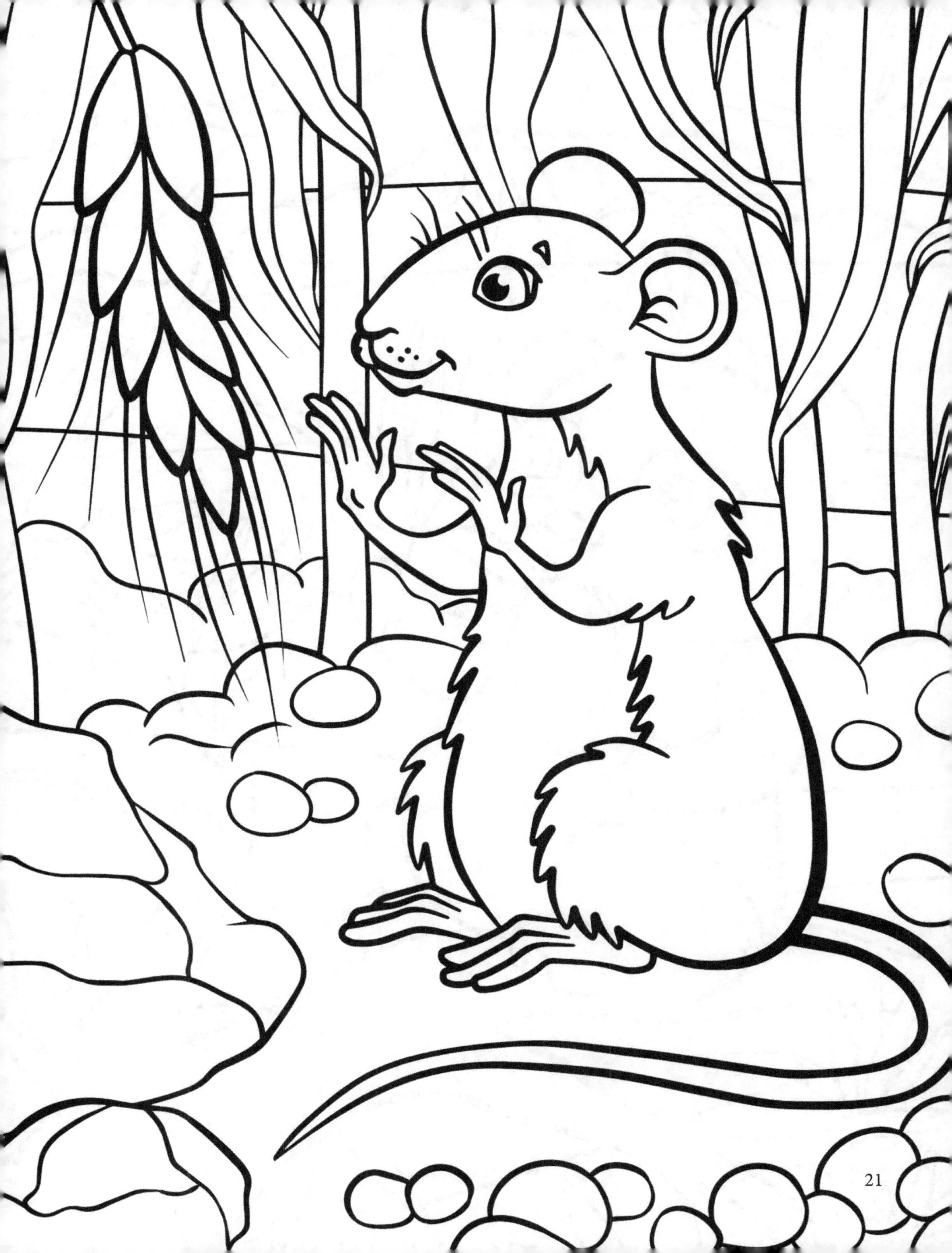

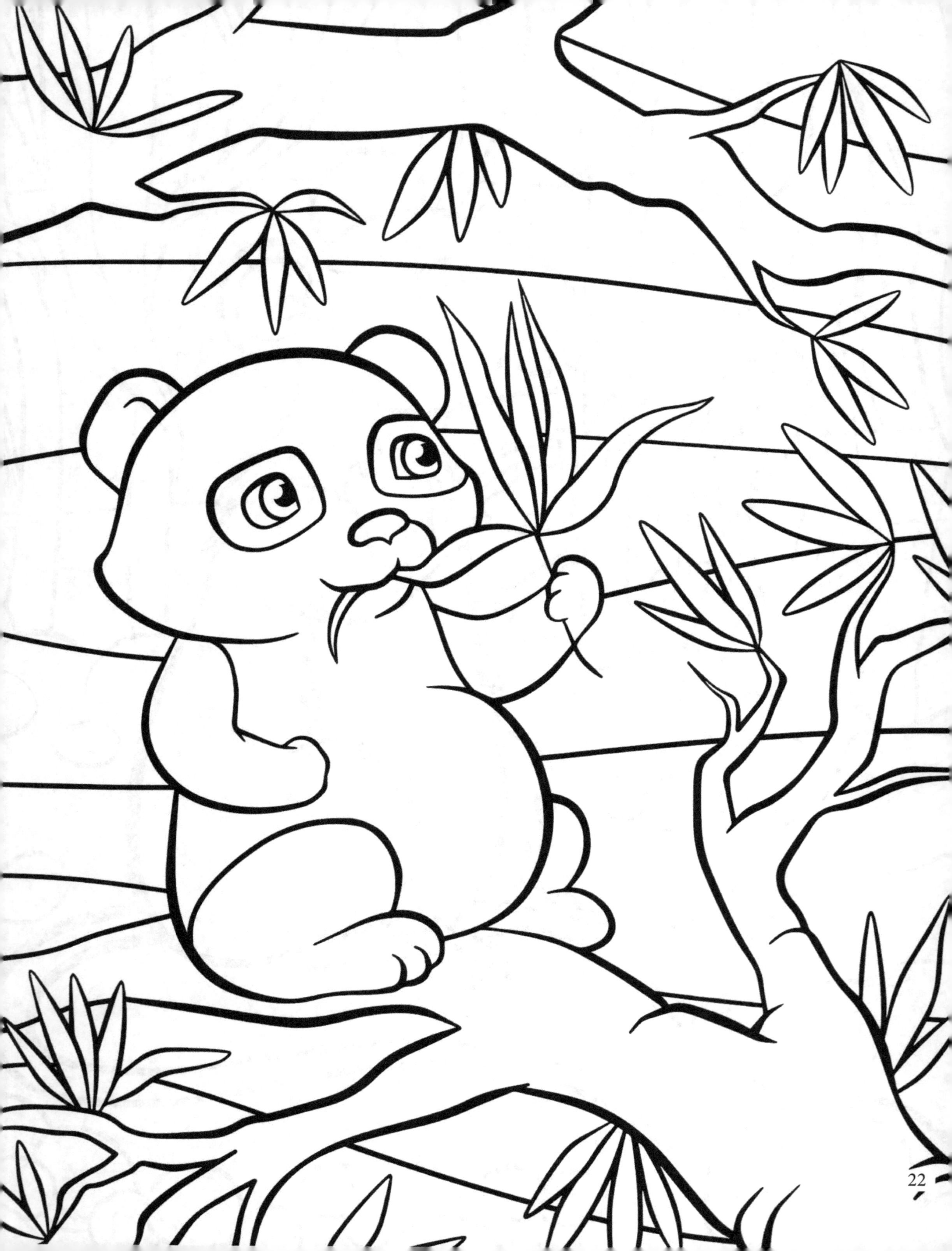

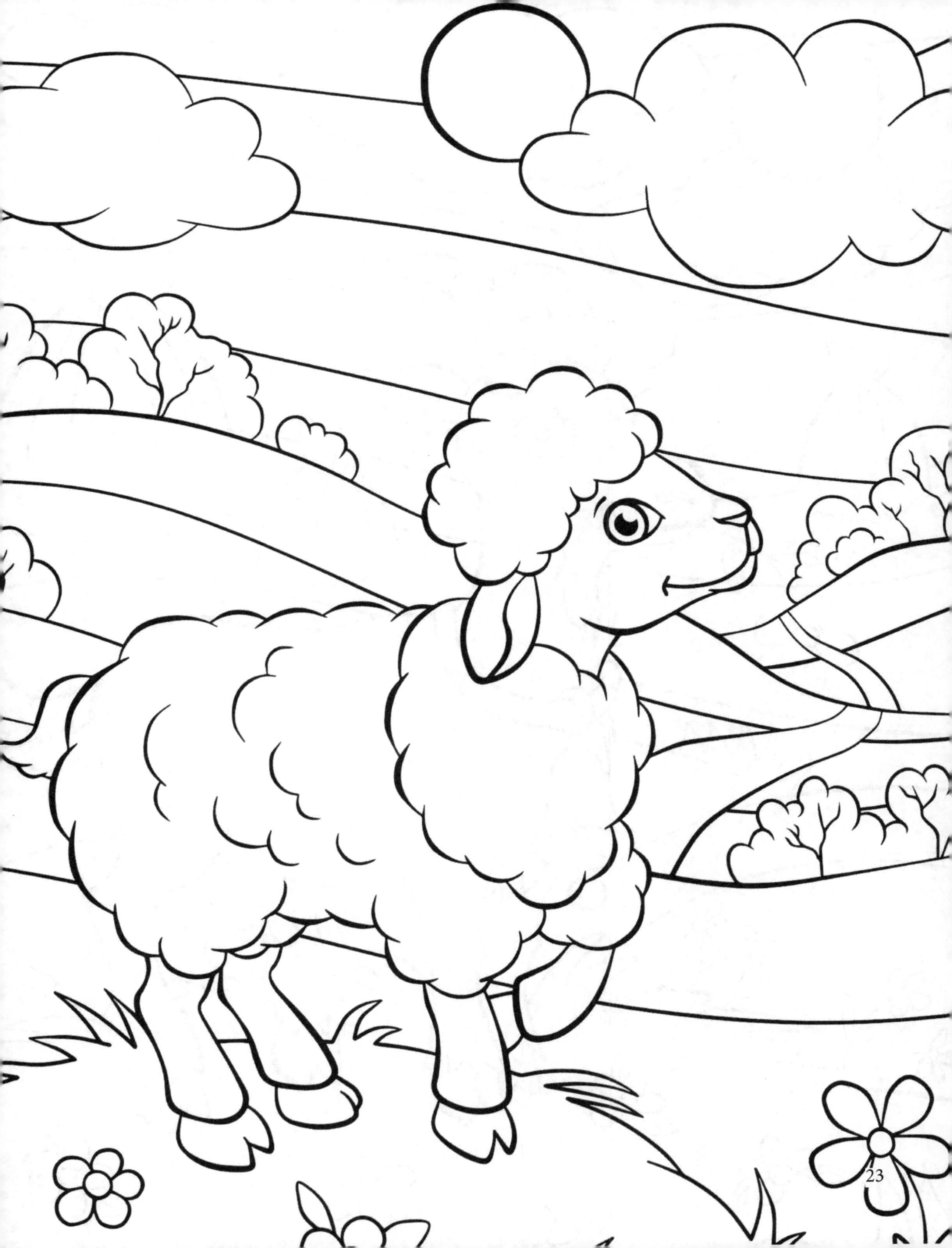

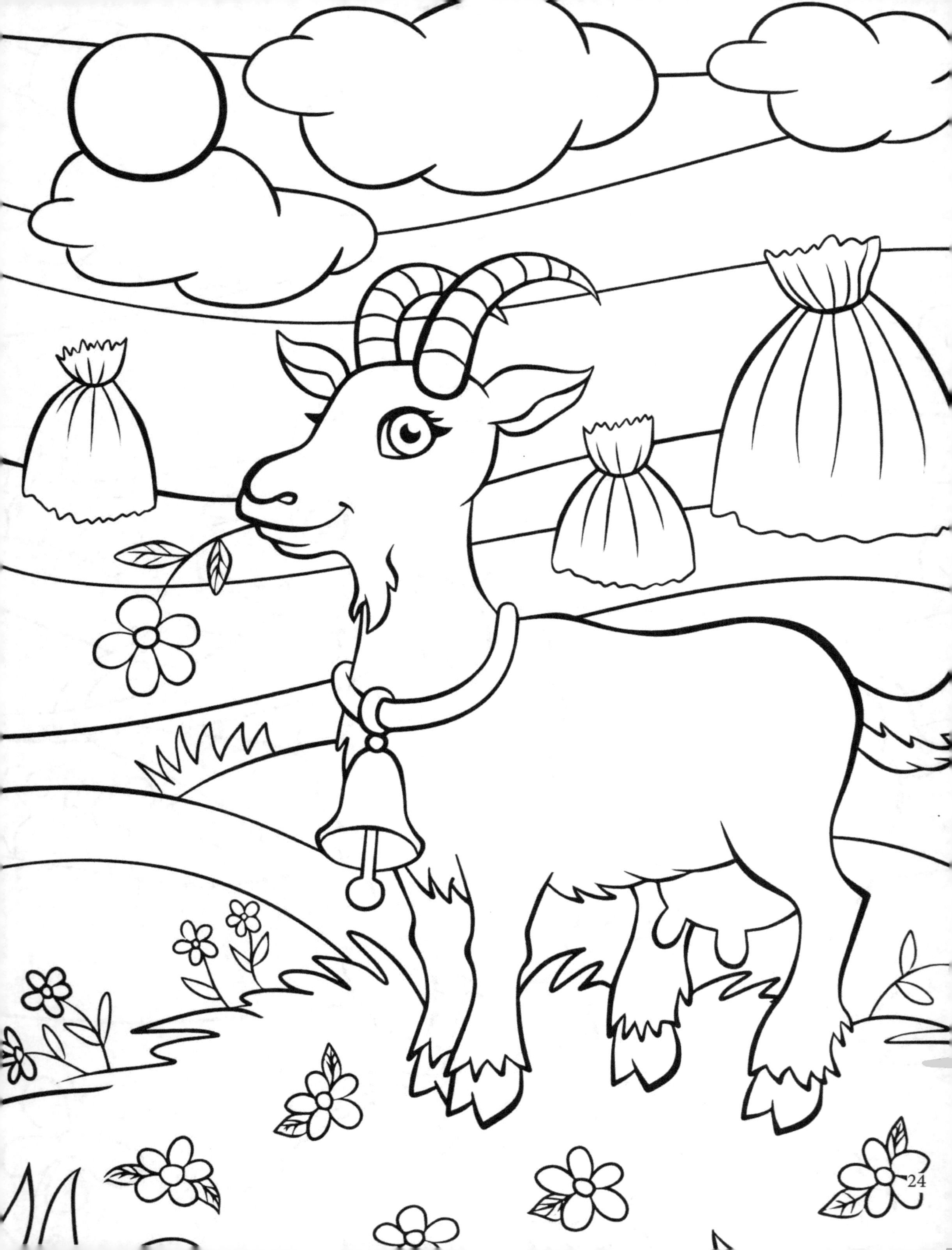

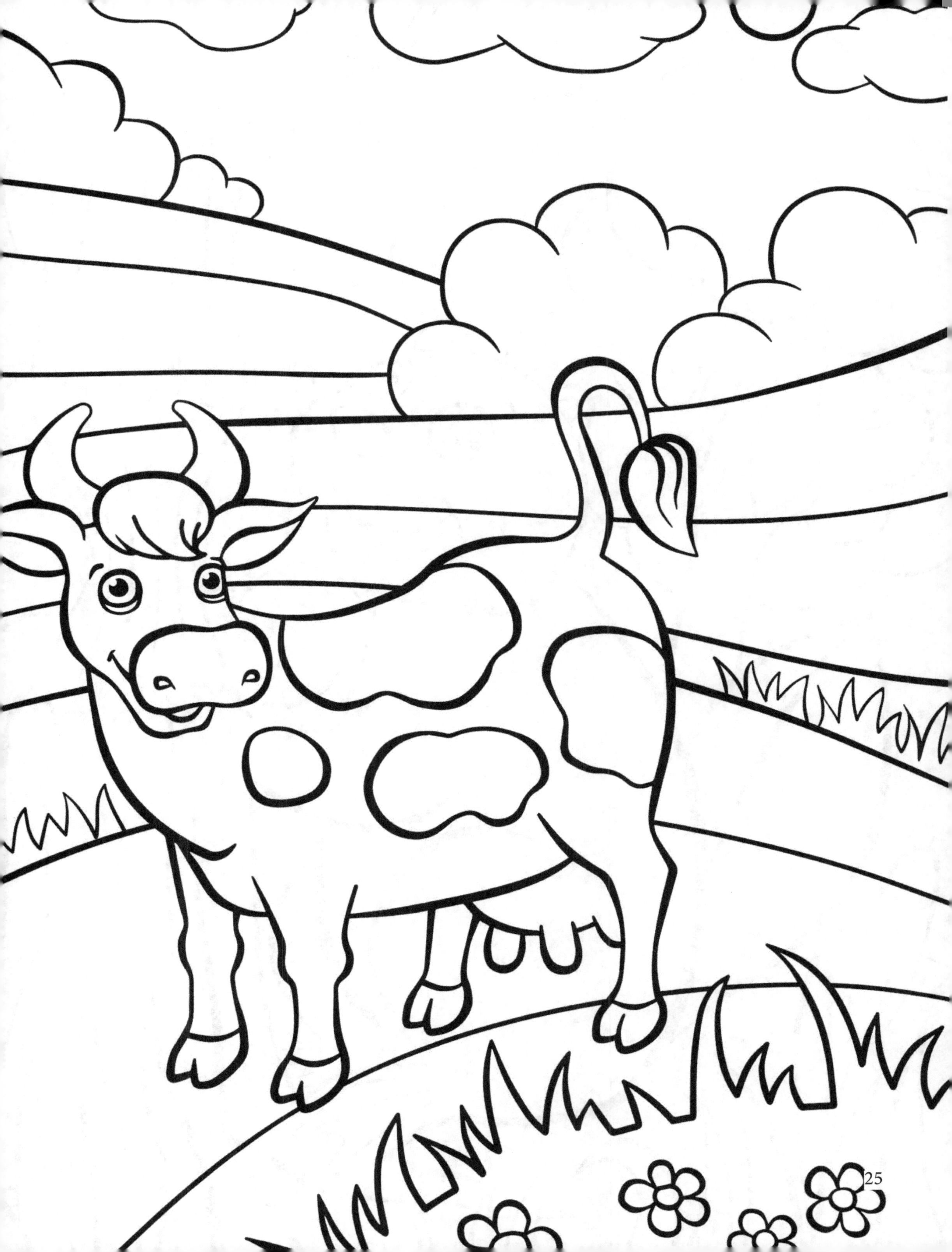

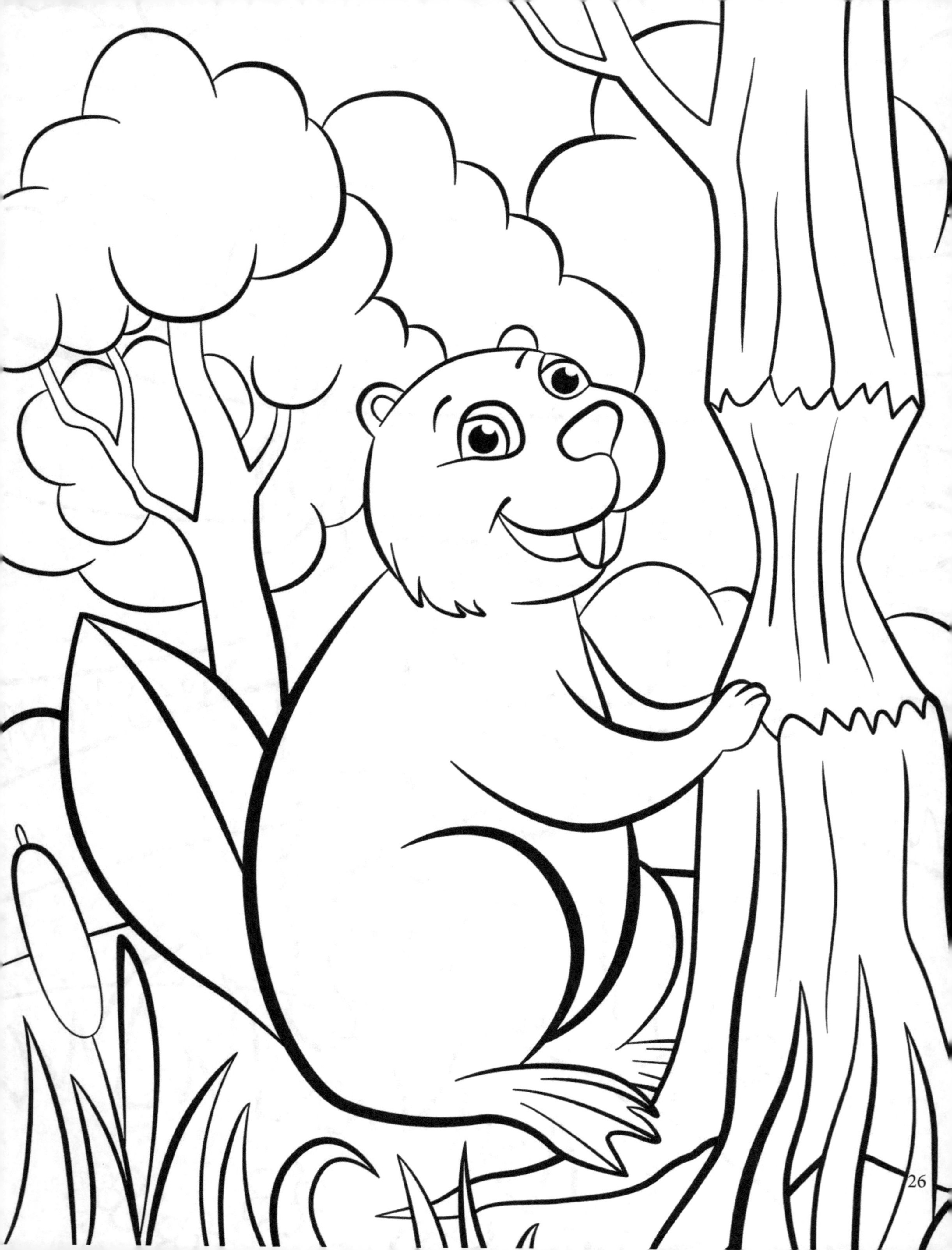

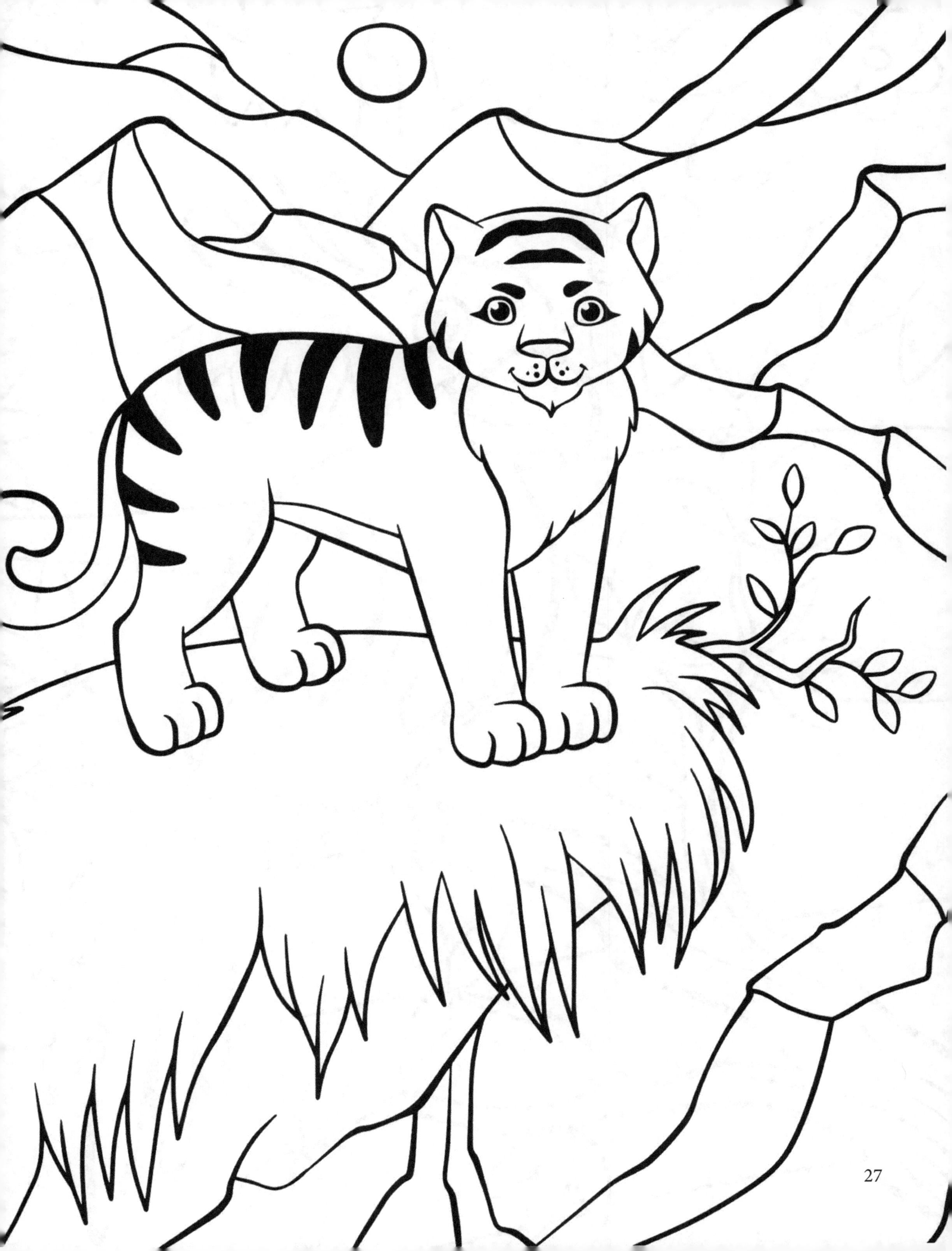

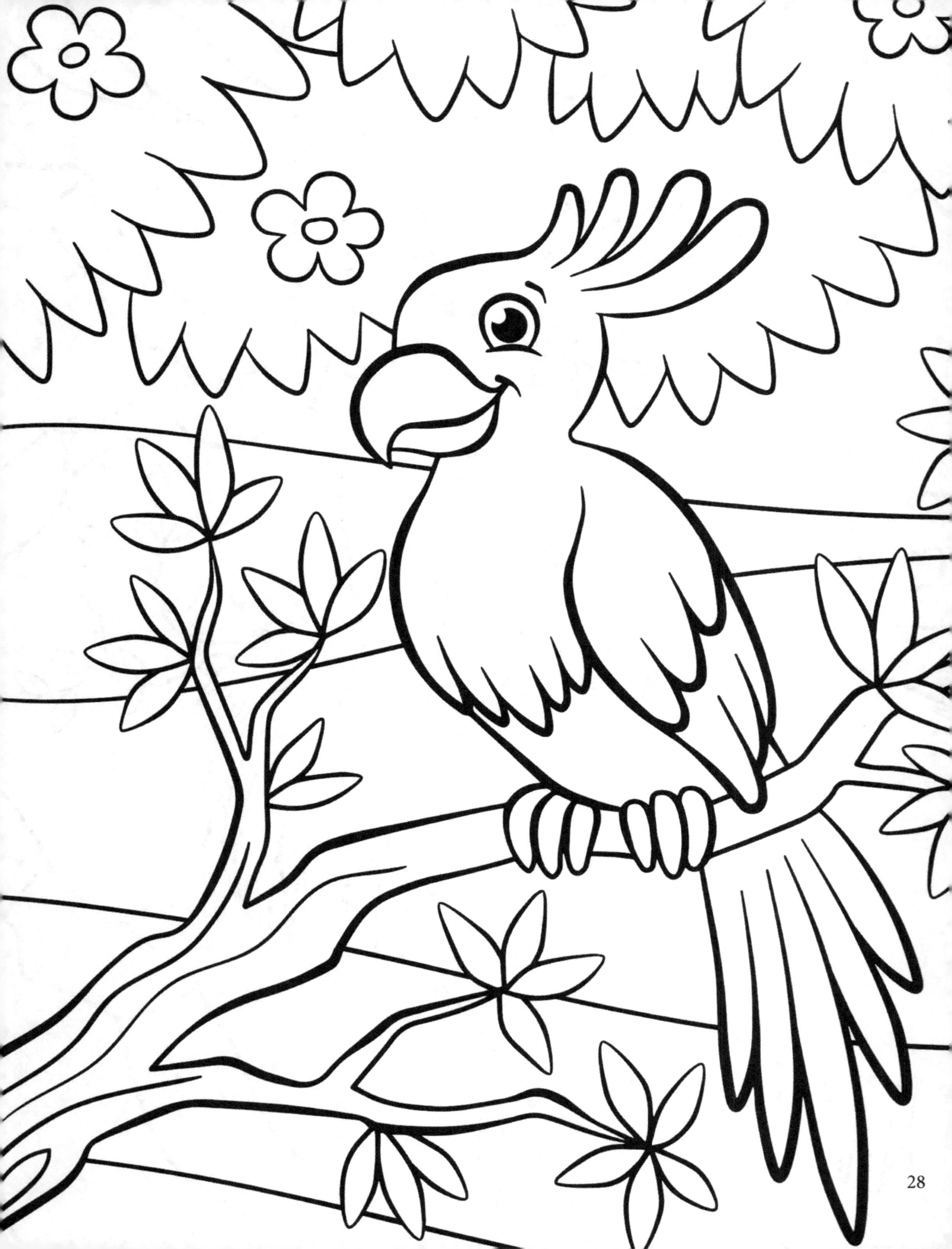

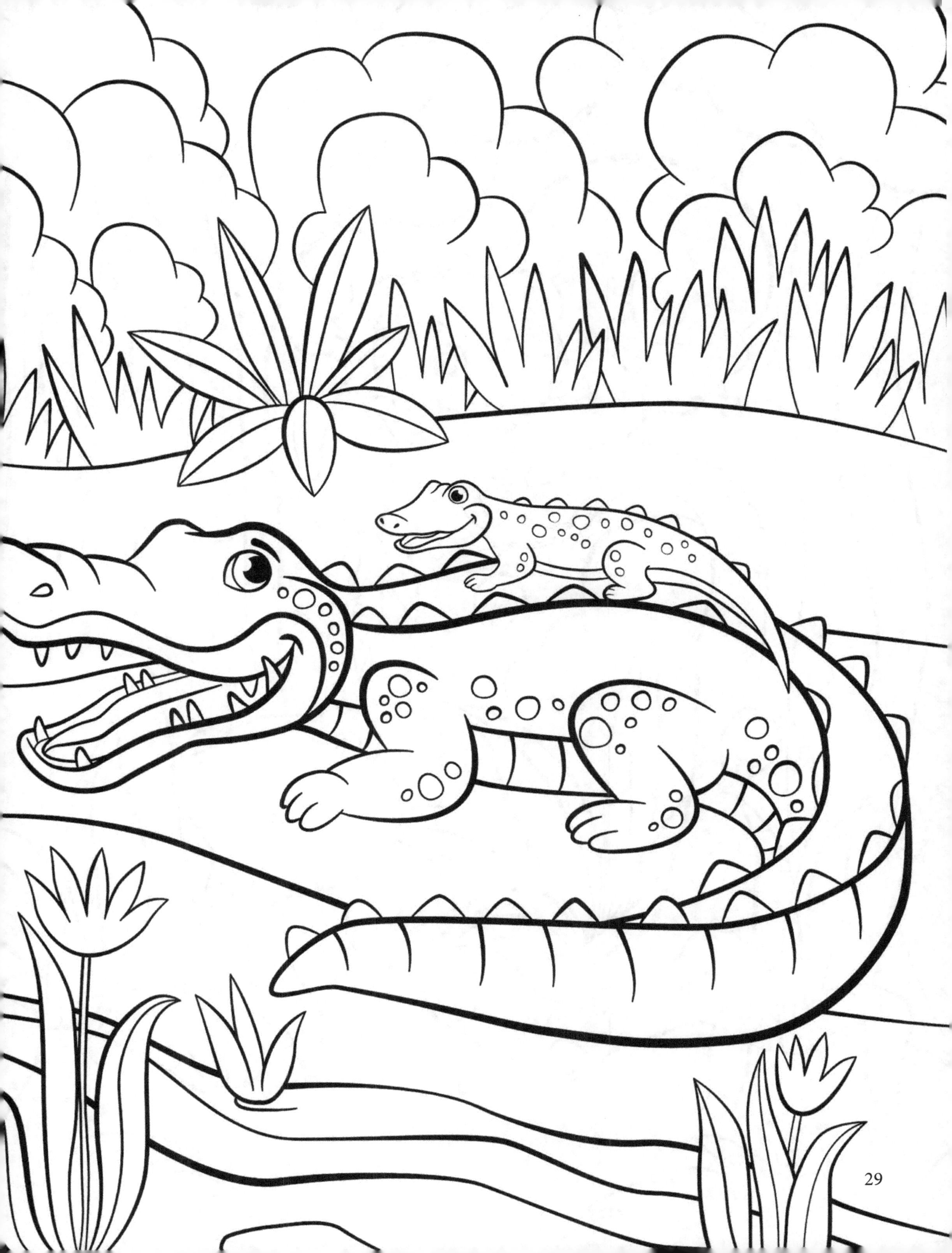

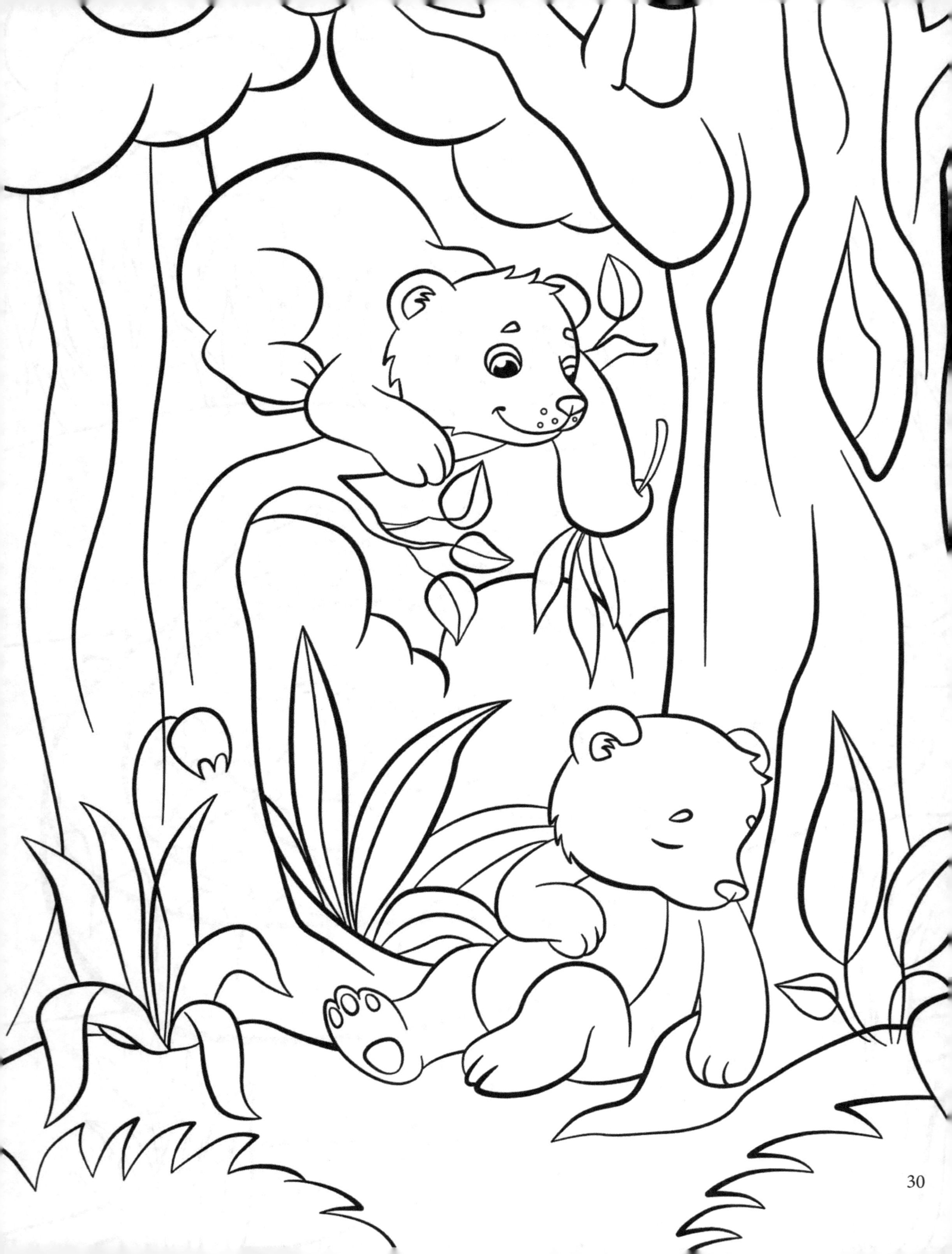

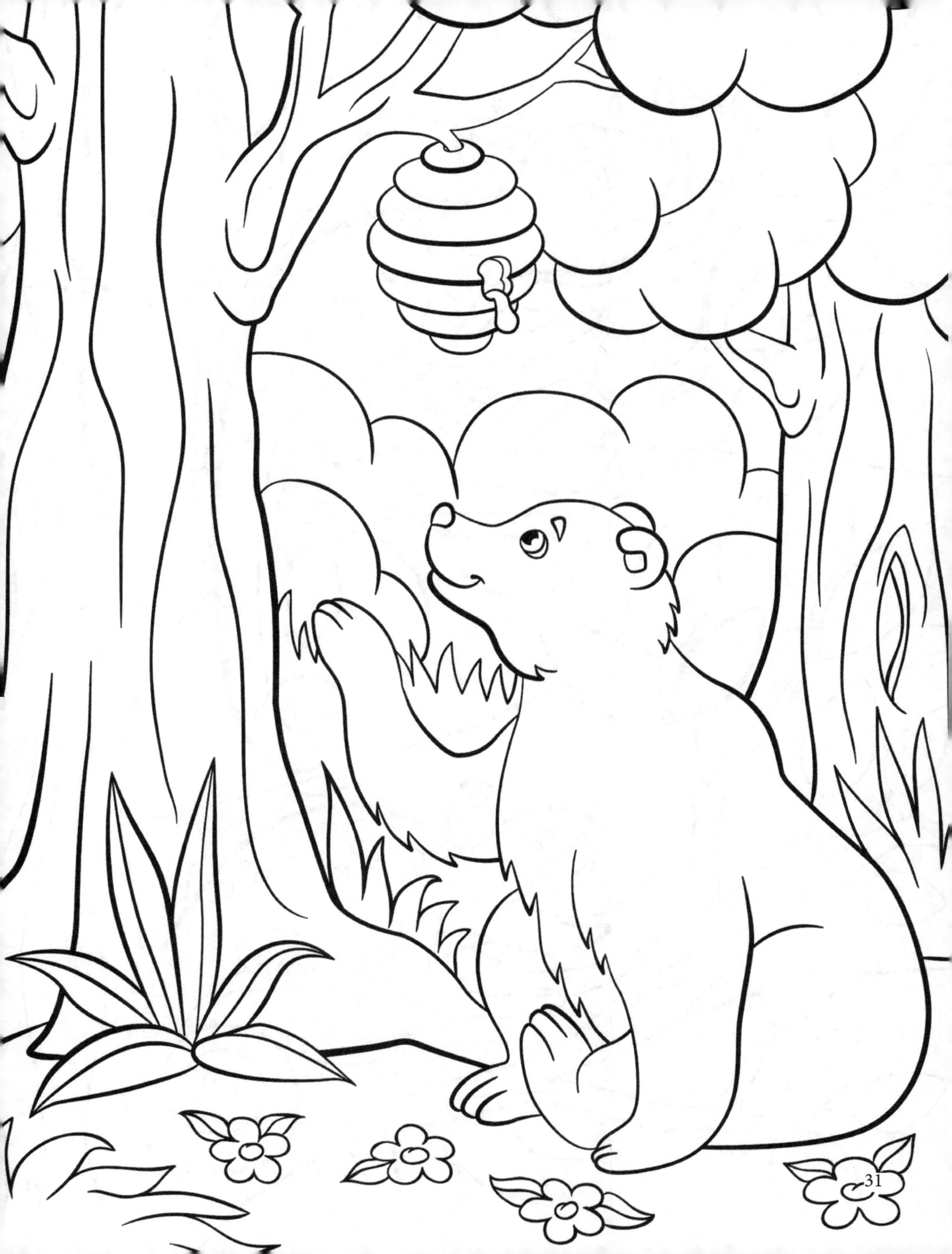

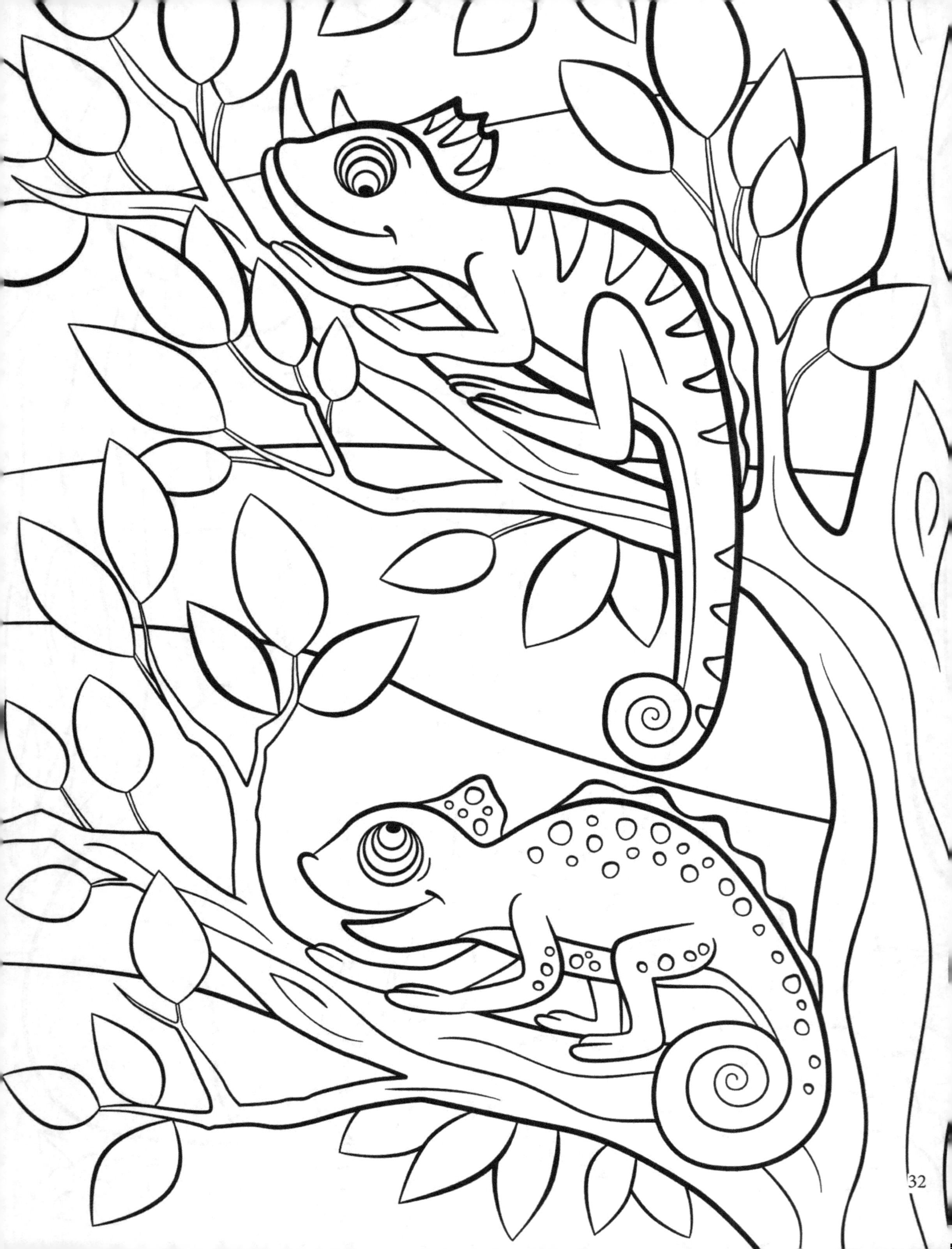

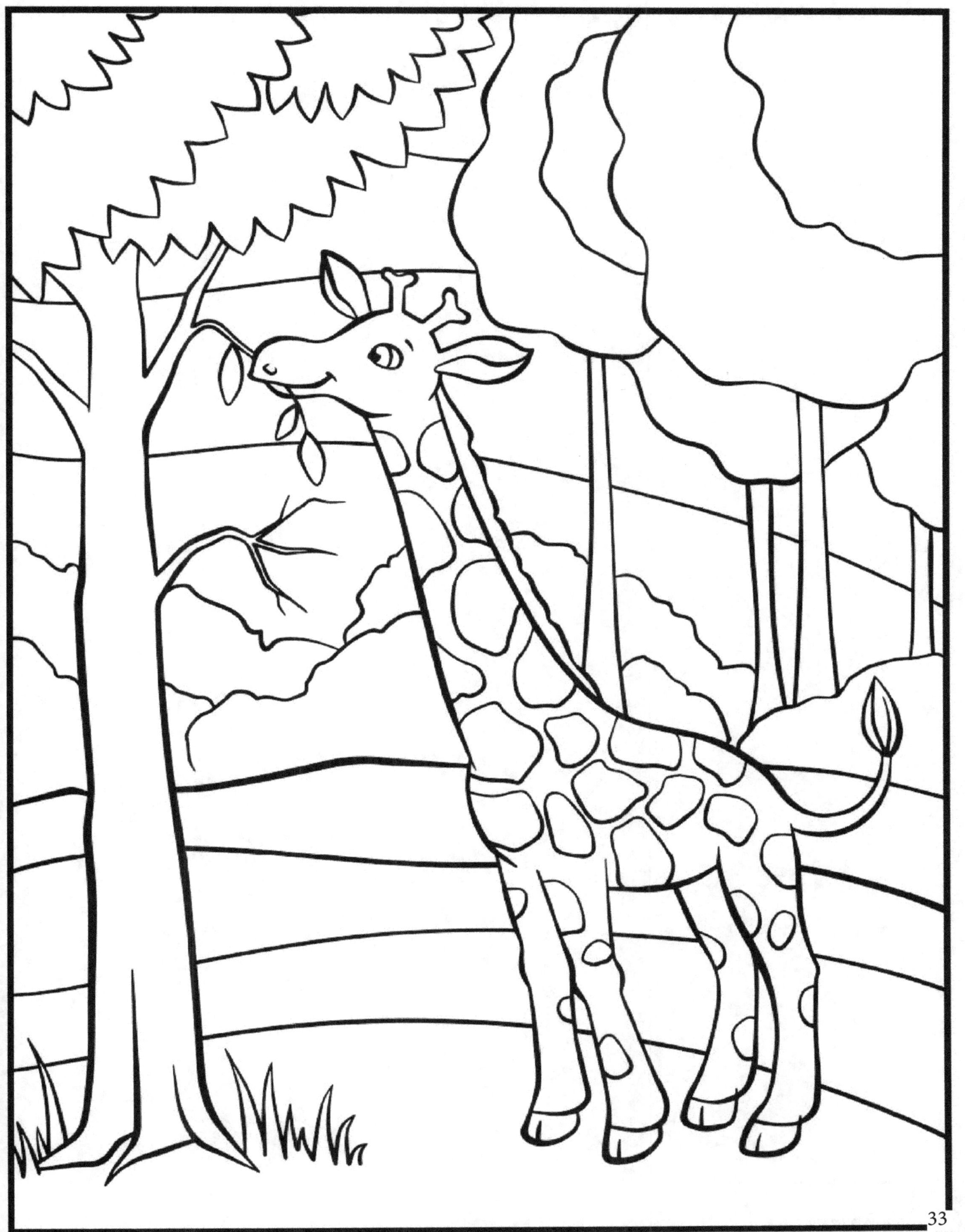

www.ingramcontent.com/pod-product-compliance
Lightning Source LLC
Chambersburg PA
CBHW080316030726
47593CB00009B/2770